Soft Skills für Freelancer

Lizenz zum Wissen.

Sichern Sie sich umfassendes Technikwissen mit Sofortzugriff auf tausende Fachbücher und Fachzeitschriften aus den Bereichen: Automobiltechnik, Maschinenbau, Energie + Umwelt, E-Technik, Informatik + IT und Bauwesen.

Exklusiv für Leser von Springer-Fachbüchern: Testen Sie Springer für Professionals 30 Tage unverbindlich. Nutzen Sie dazu im Bestellverlauf Ihren persönlichen Aktionscode C0005406 auf *www.springerprofessional.de/buchaktion/*

Springer für Professionals.
Digitale Fachbibliothek. Themen-Scout. Knowledge-Manager.

- Zugriff auf tausende von Fachbüchern und Fachzeitschriften
- Selektion, Komprimierung und Verknüpfung relevanter Themen durch Fachredaktionen
- Tools zur persönlichen Wissensorganisation und Vernetzung

www.entschieden-intelligenter.de

Springer für Professionals

 Springer

Sebastian Klipper

Soft Skills für Freelancer

Wissensvorsprung für erfolgreiche IT-Projekte

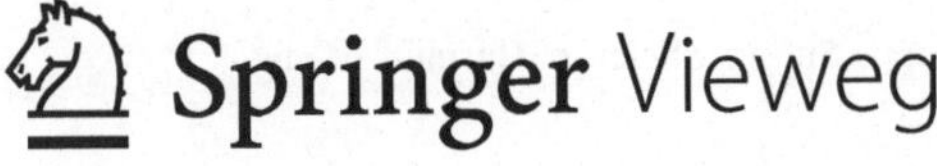

Sebastian Klipper
Kiel, Deutschland

ISBN 978-3-8348-1361-9   ISBN 978-3-8348-8191-5 (eBook)
DOI 10.1007/978-3-8348-8191-5

Die Deutsche Nationalbibliothek verzeichnet diese Publikation in der Deutschen Nationalbibliografie; detaillierte bibliografische Daten sind im Internet über http://dnb.d-nb.de abrufbar.

Springer Vieweg

Gedruckt auf säurefreiem und chlorfrei gebleichtem Papier

Springer Fachmedien Wiesbaden ist Teil der Fachverlagsgruppe Springer Science+Business Media
(www.springer.com)

Dank

> *„Begegnet uns jemand, der uns Dank schuldig ist,*
> *gleich fällt es uns ein. Wie oft können wir jemandem*
> *begegnen, dem wir Dank schuldig sind, ohne daran*
> *zu denken!"*
> *Johann Wolfgang von Goethe*

Zunächst gilt natürlich allen mein Dank, die mich bei der Arbeit an diesem Buch unterstützt haben. Dank gilt hier vor allem den Kollegen und Kolleginnen des Lektorats bei Springer Vieweg, die mich in den letzten Jahren unterstützt haben. Allen voran Bernd Hansemann, der mich ermutigt hat, an der Idee zu diesem Buch festzuhalten, als ich das Konzept bereits einstampfen wollte. Ohne seine motivierenden Worte wäre es nicht zu einer Veröffentlichung gekommen, was schon als ein Fingerzeig auf das zentrale Soft Skill Kommunikationsfähigkeit verstanden werden kann – wenige Worte, große Wirkung. Besonderer Dank gilt natürlich auch meinen Kunden und Lesern, die mich mit Projektaufträgen und dem Kauf meiner Bücher unterstützen.

Vorwort

„Fast alles ist leichter begonnen als beendet.
-- Johann Wolfgang von Goethe"

Lesen gehört zu einer der Haupttätigkeiten von IT-lern. Im Verlauf unserer Karriere lesen wir zahllose Bücher, Skripte, Handbücher, How-tos, Man-Pages und technische Dokumentationen. Wir durchstöbern Programmbibliotheken, ackern uns durch Hilfe-Seiten und lesen über die Jahre eine schier unendliche Zahl nutzloser Foren-Threads, die am Ende doch nicht die Antwort liefern, nach der wir gesucht haben. Mancher Informatiker liest so wahrscheinlich mehr als der ein oder andere Sozial- bzw. Geisteswissenschaftler.

Lesen, Lesen, Lesen...

In nahezu allen Fällen handeln die Texte davon, wie Menschen mit Maschinen arbeiten, oder Maschinen mit anderen Maschinen. Die Kommunikation von Mensch zu Mensch wird im Allgemeinen vernachlässigt. Wer so viel technische Literatur konsumiert, ist froh, wenn er sein Pflichtpensum abgehakt hat und bürdet sich nicht noch eine fachfremde Zusatzlektüre auf. So kommt dann

Technik überwiegt

schnell das ein oder andere nicht-technische Thema über die Jahre zu kurz. Mit dem vorliegenden Buch können Sie diese Lücke schließen und sich in Sachen Soft Skills auf den neuesten Stand bringen. Es soll Ihnen in kompakter und praxisbezogener Darstellung die für Freelancer in der IT wichtigsten Grundlagen und Soft Skills vermitteln.

Fragen über Fragen

Sollten nach der Lektüre des Buchs noch Fragen offen geblieben sein, möchte ich Sie einladen, auf meiner Facebook-Seite oder via XING mit mir in Kontakt zu treten:

https://www.facebook.com/SebastianKlipper
(Facebook-Seite des Autors)

https://www.xing.com/profile/Sebastian_Klipper
(XING-Profil des Autors)

Nachdem sich bei meinem letzten Buch herausgestellt hat, dass es sehr schwierig ist, über eine normale Webseite mit den Lesern eines Buchs Kontakt zu halten, habe ich mich dazu entschlossen, Facebook & Co. für den Austausch zu nutzen.

Ich wünsche Ihnen viel Spaß beim Lesen und viel Erfolg bei der Anwendung in der Praxis.

Sebastian Klipper

Frühjahr 2015

Inhaltsverzeichnis

1 Einführung

"Die meisten Definitionen sind Konfessionen."
-- Ludwig Marcuse (1894-1971),
dt. Literaturhistoriker u. Philosoph

In Rainer Niermeyers Buch „Soft Skills: Das Kienbaum Trainings-programm" [1] wird das Problem mit den Soft Skills gleich in der Einleitung aufgegriffen. Diesem Beispiel möchte ich folgen: Das eigentliche Problem ist die Frage danach, was Soft Skills sind.

Die Einen übersetzen es schlicht mit Sozialkompetenz oder auch sozialer Kompetenz und meinen damit individuelle Einstellungen und Fähigkeiten, mit deren Hilfe man eigene Ziele innerhalb einer Gruppe durchsetzen will oder diese Gruppe zugunsten der eigenen Ziele beeinflusst. Die soziale Interaktion steht dabei im Vordergrund.

Soziale Kompetenz?

Andere Personen grenzen in ihrem Verständnis von Soft Skills stärker ab. Sie stellen sich auf den Standpunkt, dass fachlich-methodische Kompetenzen von den Soft Skills zu trennen sind – so

Führungs-kompetenz?

macht es auch Rainer Niermeyer. Für ihn sind Soft Skills personale und spezifische Führungskompetenzen. Er betreibt die begriffliche Abgrenzung soweit, dass er Soft Skills von oben nach unten denkt und nicht bidirektional oder auf gleicher Ebene.

Alles voller Häuptlinge

Macht das Sinn? Warum eigentlich „Führungs"-kompetenzen? Warum sollte man den Begriff soweit einhängen? In Firmen, die nur aus Führungskräften bestehen, mag das ja Sinn ergeben – alles Häuptlinge, keine Indianer. Oder sollen die Indianer auch Führungskompetenzen mitbringen? Oder brauchen die Indianer keine Soft Skills? Oder, oder, oder?!

Aus meiner Sicht liegt diese Art der Abgrenzung an der speziellen Zielgruppe seines Buchs. Für Führungskräfte muss man andere Soft Skills adressieren als für andere Zielgruppen. Dementsprechend gibt es auch keine richtige oder falsche Definition des Soft Skills-Begriffs. Man muss vielmehr ein zielgruppenspezifisches Verständnis davon entwickeln, wie harte und weiche Faktoren abzugrenzen sind.

Lupenreine Soft Skills

Nehmen wir als Beispiel einen „lupenreinen" Soft Skill: Konfliktfähigkeit. Ist das überhaupt ein lupenreiner Soft Skill? Wie steht es mit der Konfliktfähigkeit bei einem Mediator? Soft Skill oder fachlich-methodische Kompetenz? Ein Mediator wird im Laufe seiner Ausbildung und seiner beruflichen Praxis so viele Möglichkeiten kennenlernen, mit Konflikten umzugehen, dass man das nicht mehr ganz trennscharf als Soft Skill bezeichnen könnte. Oder nehmen wir als Beispiel Überzeugungskraft. Soft Skill oder fachlich-methodische Kompetenz? Kann man das wirklich so einfach mit einer schlanken Definition beantworten? Für einen Werbetexter oder einen Autoverkäufer kann Überzeugungskraft eine ziemlich harte Anforderung sein, die mit ausgeklügelten Methoden aus Theorie und Praxis hinterlegt ist. Das wäre dann jedoch wieder eine fachlich-methodische Kompetenz und damit von den Soft Skills zu trennen.

Mal so, mal so

Es gibt reichlich Stellenprofile, bei denen Überzeugungskraft im Mittelpunkt steht und die fachliche Kompetenz in den Hintergrund tritt. Ein echter Verkäufer dreht einem potentiellen Kunden alles an, ganz egal, ob er sich fachlich damit auskennt oder nicht. Überzeugungskraft ist im Vertrieb eine ganz konkrete Anforderung, die sich sogar in Heller und Pfennig ausdrücken lässt. Ich würde mich schwer damit tun, das in diesem Fall als Soft Skill zu bezeichnen. Stellen Sie sich den Türsteher einer Disko vor. Gehört bei dessen Stellenprofil Durchsetzungsvermögen zu den Soft Skills? Selbst wenn man das in eine theoretische Definition gepresst bekommen, es hört sich nicht richtig an. Genau dieses leise Störgefühl macht eine Definition jedoch schwierig.

Was ist mit all den anderen Anforderungen an eine Person, die sich nicht in eine der strengen Definitionen einordnen lassen? Wie steht es beispielsweise mit gepflegtem Auftreten? Diese Anforderung ließe sich weder unter fachlich-methodischer Kompetenz noch unter sozialer Kompetenz subsummieren. Je nach Person beziehungsweise Berufsgruppe kann das fachlich-methodisch, also erlernt sein oder vor dem Hintergrund sozialer Kompetenz eher instinktiv und auf die Wirkung in der Gruppe bezogen.

Zwischentöne

Diese Überlegungen lassen eigentlich nur einen Schluss zu: Beim Thema Soft Skills kommt man mit konfessionsartigen Dogmen nicht weiter – man muss bei diesem Begriff bereit sein Kompromisse einzugehen und analytisch vorzugehen, um zu einer überzeugenden, für alle verständlichen Definition zu gelangen. Man muss also bereits bei der Definition des Begriffs der Soft Skills das eine oder andere Soft Skill mitbringen. Machen wir uns an die Arbeit.

Dogmen helfen nicht weiter

Wir wollen uns also Stück für Stück einer Definition nähern, die für die Zielgruppe dieses Buchs am ehesten zutrifft. Mit dieser Definition steigen wir dann tiefer in die Materie ein und arbeiten heraus, was man neben der fachlichen Qualifikation braucht um am IT-Markt erfolgreich zu sein. Zuvor müssen wir uns allerdings der Frage widmen, was die Zielgruppe dieses Buches ausmacht.

1.1   Zielgruppe Freelancer

Auch in diesem Fall stehen wir vor dem gleichen Dilemma: Ebenso wie der Begriff der Soft Skills ist der Begriff des Freelancers nicht fest definiert. In den meisten Fällen handelt es sich allerdings um einen selbstständigen, freien Mitarbeiter, der aufgrund eines Dienst- oder Werkvertrags für ein Unternehmen tätig ist.

Freie Mitarbeiter

Freie Mitarbeiter werden in der Regel eingesetzt, um Personalengpässe zu überbrücken. Sie sind meist für einen speziellen Auftrag oder ein Projekt gebunden und stellen in vielen Unternehmen, neben den fest angestellten Mitarbeitern, eine sehr starke Personengruppe. Dabei unterliegen sie weder den Schutzvorschriften

Besondere Anforderungen

des Arbeitsrechts, noch unterliegen sie der direkten Weisungsbefugnis etwaiger Vorgesetzter. Gerade die Unterschiede, durch die
freie Mitarbeiter von den Festangestellten abzugrenzen sind,
erfordern besondere Soft Skills.

Blickwinkel der Auftraggeber

Unterschiede gibt es nicht nur aus der Perspektive der Freelancer.
Auch die Auftraggeber haben eine andere Sicht auf ihre freien
Mitarbeiter als auf ihre Festangestellten. Auch wenn man als freier
Mitarbeiter Arbeitszeit und Arbeitsort theoretisch frei wählen kann
und nicht weisungsgebunden ist, wird von den Auftraggebern
gerade in diesen Punkten mehr Folgsamkeit erwartet als von den
eigenen fest angestellten Mitarbeitern. Innerhalb der spezifischen
Gruppensituation, wie man sie bei einem Auftraggeber vorfindet,
sind dann auch ganz andere Soft Skills gefragt, als beispielsweise
von den fest angestellten Mitarbeitern oder dem Chef selbst.

Echte IT-ler

Dieses Buch richtet sich nicht nur an freie Mitarbeiter beziehungsweise Freelancer im Allgemeinen, sondern innerhalb dieser
Berufsgruppe im Speziellen an die IT-Freelancer. Diese Einschrän-
kung macht uns die Abgrenzung von den fachlich-methodischen
Skills einfacher, weil es sich hierbei gerade innerhalb der IT
maßgeblich um technische Fertigkeiten im Dunstkreis von Hard-
und Software oder fachbezogenen Prozessen handelt. Hierbei
handelt es sich um alle Fertigkeiten, von denen Sie Instinktiv sagen
würden, dass Sie ohne diese Ihre Arbeit nicht machen könnten,
egal wie viele Soft Skills Sie im Gepäck haben. Es geht also um die
Fertigkeiten, die zu einem echten IT-ler machen.

1.2 Definition: Soft Skills

Keine technischen Inhalte

In ihrem Buch Soft Skills für Softwareentwickler [2] schreiben die
Autoren, dass in ihrer Ausbildung mit Themen wie Fragetechni-
ken, Kommunikationsmodellen, oder Konfliktmanagement wenig
Berührung hatten. Im Gegenteil: Technische Inhalte dominierten.
Das ist eine Beobachtung, die sich mit meinen Erfahrungen deckt.
Im Vordergrund der Ausbildung stehen Themen zur Technik. Mit
Soft Skills kommt man jedoch bei Hard- und Software meist nicht
besonders weit. Man bekommt ein komplexes Netzwerk eben
nicht durch gutes Zureden zum Laufen. Hier sind die richtigen
Befehle und Kommandos und technische Zusammenhänge gefragt
und die werden ausgebildet. Switches folgen keinen gruppendy-
namischen Prozessen, Server lassen sich nicht von einer geschliffe-

nen Fragetechnik beeindrucken und selbst wenn man seinem Compiler die wüstesten Beschimpfungen an den Kopf wirft, wird dieser unbeeindruckt weiter seiner Arbeit verrichten.

Soft Skills sind in der Ausbildung innerhalb der IT-Branche oft nur das schmückende Beiwerk. Wir wollen auf Basis dieser Überlegungen versuchen, eine Definition für den Begriff der Soft Skills zu finden. Für IT-Berufe könnte man in einer ersten Annäherung folgende Definition probieren:

Versuch 1

> **Definition 1: Soft Skills in den IT-Berufen**
> *Soft Skills sind all die Kenntnisse und Fertigkeiten, die von den technischen Inhalten der IT-Berufe abzugrenzen sind.*

Bei dieser ersten Definition steht die Abgrenzung von technischen Inhalten also im Mittelpunkt. Aber was bedeutet das? Was sind überhaupt technische Inhalte? Ist damit alles ein Soft Skill, was nicht auf dem Vorlesungsplan eines Informatikstudiums auftaucht? Sind Datenstrukturen technische Inhalte? Ist Aussagenlogik technisch? Was ist eigentlich technisch? Wenn wir bei unserer Definition weiterkommen wollen, müssen wir zunächst diese Fragen beantworten. Wir versuchen dies zunächst mit einer gängigen Teilung der Informatik in drei Teilgebiete. Im Allgemeinen unterteilt man die Informatik in die Bereiche Angewandte, Theoretische und Technische Informatik.

Fragen über Fragen

Starten wir mit der Technischen Informatik. Wenn Soft Skills also von den technischen Inhalten abzugrenzen sind, müssen wir sie in den beiden anderen Teilgebieten suchen. Sind also Theoretische und Angewandte Informatik von Soft Skills dominiert? Natürlich nicht. Sonst würden wohl kaum zwei Softwareentwickler in ihrem Buch behaupten, dass sie in ihrer Ausbildung mit Soft Skills wenig in Berührung gekommen seien. Vielleicht finden wir einen Hinweis auf die Soft Skills in der Theoretischen Informatik.

Technische Informatik

Ob sich die Theoretische von der Technischen Informatik bezüglich der Soft Skills unterscheidet, können wir uns anhand eines Beispiels vorstellen. Erklären Sie einem befreundeten Sozialwissenschaftler wahllos zwei Sachverhalte aus der Informatik. Ein Thema aus der Technischen – z. B. Rechnerarchitekturen – und ein Thema aus der Theoretischen Informatik – z. B. den

Theoretische Informatik

Compilerbau – und fragen Sie ihn anschließend, was davon das technische und was das theoretische Thema war. Wenn Ihnen Ihr Freund beim zweiten Thema überhaupt noch zugehört hat, dann wird er wohl kaum einen Unterschied feststellen: Alles technische Theorien oder wahlweise theoretische Techniken. Weder die Theorie noch die Technik werden aus dem sozialwissenschaftlichen Blickwinkel auch nur einen Beigeschmack von Soft Skills entwickeln können.

Versuch 2

Mit dieser Erkenntnis können wir nun die Abgrenzung aus **Definition 1** weiterentwickeln und uns so unserem eigenen Begriffsverständnis annähern, auf dem wir in diesem Buch aufbauen.

> **Definition 2: Soft Skills in der Informatik**
> *Soft Skills sind all die Kenntnisse und Fertigkeiten, die von den technischen und theoretischen Inhalten der Informatik abzugrenzen sind.*

Angewandte Informatik

Theoretische und Technische Informatik helfen also bei der Frage nicht weiter, was Soft Skills sind. Bisher konnten wir damit nur abgrenzen, was sie nicht sind. Auf der Suche nach den Soft Skills bewegen wir uns also augenscheinlich auf die Angewandte Informatik zu. Nehmen wir irgendein Thema der Angewandten Informatik – zum Beispiel Datenbanken – und überprüfen wir damit Definition 2: Auf der Suche nach den Soft Skills, die in der Ausbildung von IT-Profis zu kurz kommen, springen wir also kurz in eine Kurseinheit zum Thema Datenbanken [3], die zu einem Informatik-Studium an der Fernuniversität Hagen gelehrt wird und denken dabei wieder an unseren fiktiven, befreundeten Sozialwissenschaftler.

> **„2.8 Ein Datenmodell für die konzeptuelle Ebene**
> *(...) Die Beschreibung der Datenwelt des Unternehmens erfolgt in den Begriffen eines Datenmodells, d. h. es sind gewisse Konstrukte oder Bauelemente vorgegeben, mit deren Hilfe das spezielle konzeptuelle Modell erstellt werden muss. Das Datenmodell muss mächtig genug sein, um alle wichtigen Aspekte der Realwelt beschreiben zu können, zugleich muss es möglich sein, in einfacher Weise eine effiziente Implementierung auf der internen Ebene abzuleiten.“*

Denken Sie an Ihren Freund, den Sozialwissenschaftler? Was wird er wohl sagen? Während ihm die Angewandte Informatik weniger theoretisch und weniger technisch vorkommen? Wir können uns einen Kommentar bereits vorstellen: Alles technische Theorien oder theoretische Techniken. Von Soft Skills keine Spur!

Sieht so aus als könnten wir in keinem der drei Fachgebiete etwas finden. Wir sind allerdings noch nicht ganz verloren. Schauen wir zunächst, wie es in der Kurseinheit einen Abschnitt weiter unten weitergeht:

> „(…) Diese Datenmodelle sind ausreichend, um für die üblichen Realweltsituationen in Unternehmen Datenbanken aufbauen und betreiben zu können; sie sind jedoch nicht reich genug, um alle wichtigen und nützlichen Informationen über die betrachtete Realwelt festhalten zu können. Praktisch bedeutet dies, dass die Realwelt zunächst mittels eines Datenmodelles beschrieben wird, das nicht unmittelbar vom Datenbanksystem unterstützt wird.
> Aus der semantisch "reichen" Beschreibung der Realwelt wird dann ein semantisch wesentlich "ärmeres" konzeptuelles Modell für das Datenbanksystem abgeleitet."

Hier ist nun endlich etwas dabei, womit auch unser befreundeter Sozialwissenschaftler etwas anfangen kann. Das entscheidende Wort lautet: Realwelt. Ganz beiläufig erwähnt der Autor des Abschnitts, dass es von dieser Realwelt eine semantisch „reiche" Beschreibung gibt und das durch die Arbeit eines Informatikers aus dieser „reichen" Beschreibung irgendetwas wird, was jedenfalls wesentlich „ärmer" ist. Es geht sozusagen – ketzerisch gesprochen – um eine Transformation von der realen Welt in die Geek-Welt. Hier lohnt es sich genauer hin zu schauen. Was hat es mit dieser Beschreibung der realen Welt auf sich? Wie kommt man an sie ran, bevor man von ihr ein konzeptuelles Modell für ein Datenbanksystem ableiten kann?

Optimistische Zeitgenossen würden nun vermuten, dass sie eine Antwort in der Kurseinheit finden könnten. Wie man aber als Informatiker an diese „reiche" Beschreibung der Realwelt kommt, lässt der Autor leider offen. Sie scheint aus dem Off zu kommen und dem Informatiker gewissermaßen zuzufliegen. Wenn Sie schon einmal versucht haben, die Realwelt einer x-beliebigen Abteilung eines Unternehmens zu beschreiben, dann wissen Sie, dass es dieses Off nicht gibt. Man muss sich dieses Bild von der realen Welt selbst erarbeiten und genau hierbei haben viele Schwierigkeiten. Sind wir doch mal ehrlich: Meistens wird einfach drauflosprogrammiert oder die Realwelt muss sich eben nachträglich dem Datenmodell unterordnen. Letzten Endes müssen wir feststellen, dass wir auch in der praktischen Informatik nicht die benötigten Soft Skills vermittelt bekommen. An den entscheidenden Stellen bleiben die Lehrveranstaltungen lieber Waage, als sich auf das Glatteis zu begeben.

Der Ursprung von IT-Projekten

Sind also auch die praktischen Inhalte der Informatik nicht geeignet, um bei der Suche nach den Soft Skills weiterzukommen? Offensichtlich nicht so, wie wir uns das gerne wünschen würden. Tatsächlich hatten die beiden eingangs zitierten Autoren in ihrer Aufzählung von Soft Skills Fragetechniken ausdrücklich genannt. Mit der richtigen Fragetechnik kann man den Ärger vermeiden, der entsteht, wenn die Modellierung der Datenbank nicht ausreichend mit der Realwelt übereinstimmt und am Ende die Nutzer der Datenbank unzufrieden sind.

Fremde Welten

Genau dieser Teil der Datenbankentwicklung wurde in dem zitierten Kurs auch ausgespart, obwohl damit doch alles beginnt. Der Ursprung jeden Datenbankprojektes ist ein ganz konkretes Problem der Realwelt, dass durch eine Datenbank gelöst werden soll. Zugegeben: Ein Skript zur Datenbankentwicklung würde schon komisch aussehen, wenn dort plötzlich Fragetechniken erläutert würden. Solche Inhalte gehören nun mal einfach in andere Wissenschaftsgebiete und das ist auch gut so. Dummerweise spielen genau diese Gebiete innerhalb der Informatik auch sonst keine Rolle. Man muss keine Vorlesungen zu Kommunikationsmodellen, Gesprächsführung oder anderen IT-fremden Themen besuchen. Was uns allen also instinktiv irgendwie klar ist, müssen wir irgendwie in unserer Definition von Soft Skills unterbringen, die für dieses Buch wichtig ist und Grundlage sein soll.

Wir lösen Probleme

Was nämlich auf Datenbankprojekte zutrifft, gilt nach meiner Erfahrung auch für alle anderen IT-Projekte: Es geht darum, Probleme der Realwelt zu lösen. Egal was wir innerhalb der IT machen, in den seltensten Fällen machen wir es als Selbstzweck. Es geht darum, unsere erlernten theoretischen, technischen und praktischen Kenntnisse und Erfahrungen so einzusetzen, dass wir mittelbar oder unmittelbar ein Problem lösen, dass wir selbst oder andere in der Realwelt haben. Nun ist es nicht sonderlich schwer ein Problem zu verstehen, das man selber hat. Dafür benötigt man nicht unbedingt Soft Skills. Spannend wird es, sobald wir dafür mit anderen Menschen interagieren und kommunizieren müssen oder das Problem eine Komplexität hat, die wir alleine nicht bewältigen können.

Nach diesen einleitenden Überlegungen, wollen wir nun versuchen, den Begriff der Soft Skills so zu definieren, wie er für Freelancer in der IT von Interesse ist. Dabei spielt es eine untergeordnete Rolle, ob diese Definition formal richtig ist, oder einer Überprüfung außerhalb dieses Buchs Stand hält. In erster Linie dient sie mir als Autor und Ihnen als Leser, ein gemeinsames Begriffsverständnis zu entwickeln, anhand dessen wir uns durch die nächsten Kapitel bewegen können.

Versuch 3: Definition Soft Skills

> **Definition 3: Soft Skills für Freelancer**
> *Jeder Freelancer hat aufgrund seiner Ausbildung und Erfahrung gewisse theoretischen, technischen und praktischen Kenntnisse und Fertigkeiten, die ihn unmittelbar für eine Aufgabe in IT-Projekten qualifizieren. Soft Skills sind all die Kenntnisse und Fertigkeiten, mit denen ein Freelancer diese Qualifikationen im Zusammenspiel mit anderen Personen erfolgreich und effizient zur Geltung bringt.*

Diese dritte Definition ist deutlich weiter gefasst, als die erste, mit deren Hilfe wir unsere Überlegungen gestartet haben. Schauen wir Sie uns noch einmal an:

> **Definition 1: Soft Skills in den IT-Berufen**
> *Soft Skills sind all die Kenntnisse und Fertigkeiten, die von den technischen Inhalten der IT-Berufe abzugrenzen sind.*

Das bedeutet, dass wir in diesem Buch von einem deutlich weiter gesteckten Begriff von Soft Skills ausgehen, als das üblich ist. Die Beschneidung des Begriffs auf seinen sozialen Kern macht ihn so unattraktiv für technisch orientierte IT-Profis, die sich unter Umständen gerade deshalb für ein Informatikstudium entschieden haben, weil sie lieber durch Taten als durch Worte glänzen. Hier

Weiter gefasst als üblich

will dieses Buch mehr leisten und den Begriff so auslegen, dass er Ihnen als IT-Freelancer den maximalen Produktivitätsschub ermöglicht. Es geht hier nicht um eine schlichte Zusatzqualifikationen. Es geht hier um zusätzliche Kenntnisse und Fertigkeiten, die dabei helfen sollen den vorhandenen Kenntnissen die nötige Traktion zu verschaffen, um auf der Projektstraße vorwärts zu kommen.

Gerade dieses verbindende Element möchte die hier vorgeschlagene Definition betonen. Es geht nicht um Soft Skills als Selbstzweck. Soft Skills sind keine zusätzliche App, Soft Skills sind das Upgrade, Version 2.1. Sie sind die Zusatz-Features der Pro-Version dessen, was man an einer Universität nur in der abgespeckten Freeware bekommt. Sie machen all die anderen Kenntnisse von IT-Profis nicht überflüssig, sie machen sie besser.

Bevor wir jedoch ausgehend von **Definition 3** in die einzelnen Abschnitte einsteigen, möchte ich Ihnen zunächst vorstellen, was Sie in den Kapiteln dieses Buch erwartet und wie Sie das Maximum aus dem Buch herausholen.

1.3   Schritt für Schritt

Lassen Sie uns also einen Blick darauf werfen, was in diesem Buch inhaltlich vor uns liegt. Sie finden hier eine kleine Orientierung, welche Abschnitte für Sie besonders interessant sein könnten und wo Sie welche Themen finden.

Kapitel 1
Einführung

Das erste Kapitel (Sie vermuten richtig: das ist das Kapitel, das Sie gerade lesen) soll Ihnen helfen, sich zum Thema Soft Skills zu orientieren und einen gedanklichen **Einstieg** zu finden.

Wir haben hier bereits einen wichtigen Grundstein gelegt und eine Definition von Soft Skills erarbeitet, auf der das Buch mit seinen Abschnitten inhaltlich aufbaut. Die Definition geht dabei bewusst über die Definitionen in anderen Büchern hinaus, um einen möglichst großen Praxisbezug zu ermöglichen. Der ein oder andere Sozialwissenschaftler würde bei dieser Definition unter Umständen protestieren. Für Sozialwissenschaftler ist dieses Buch allerdings auch nicht geschrieben.

Darüber hinaus enthält es im Abschnitt 1.4 einige technische Hinweise und Tipps, wie Sie mit dem Buch am effektivsten arbeiten können, ohne viel Zeit mit Blättern zu verbringen.

Im zweiten Kapitel sollen weitere **Grundlagen** vermittelt werden, die wir für die folgenden Kapitel benötigen. Ausgehend von der Frage, wie man Freelancer wird, über die psychologischen Grundlagen in der Theorie, bis hin zur Vorstellung des Unternehmens, in dem die Fallbeispiele dieses Buchs spielen, legen wir hier den Grundstein für die weiteren Kapitel. Dort werden wir regelmäßig auf diese Grundlagen zurückgreifen – in Theorie und Praxis gleichermaßen. Am Ende des Kapitels stehen die ersten kleineren Fallbeispiele, die den Praxisbezug herstellen. Kapitel 2 erweitert quasi die im ersten Kapitel erarbeitete Definition um eine Beschreibung des Umfelds indem sie gilt.

Kapitel 2
Projektbühne

Kapitel 3 befasst sich mit der besonderen Situation, in der man sich als Freelancer befindet. Man ist ja nie einfach nur der IT-Fachmann. Das unterscheidet einen von den Festangestellten im Unternehmen. Man ist neben seiner fachlichen Aufgabe immer auch noch selbst ein Unternehmen. Als Freelancer bildet man seine eigene Wertschöpfungskette vom Einkauf über die Produktion bis hin zum Vertrieb. Man ist sein eigener Chef, Mitarbeiter, Personalvertreter. Man übernimmt für sich selbst die Rolle des IT-Leiters und legt fest welche Fortbildungen nötig sind, man ist als die eigene Personalabteilung mit der Planung der Fortbildungen beauftragt und man ist der eigene Finanzvorstand, der die Fortbildung abgelehnt, wenn klar ist, wie teuer sie wird. Durch diese multiple Persönlichkeit kommt eine zusätzliche Facette in die tägliche Arbeit, die normalen Mitarbeitern mit normalen Arbeitsverträgen unbekannt ist. Am Ende dieses Kapitels haben wir schließlich alle Grundlagen erarbeitet, die wir im Verlauf des Buches benötigen und können ans Eingemachte gehen.

Kapitel 3
Wertschöpfung

In Kapitel 4 befassen wir uns mit dem ersten Block von klassischen Soft Skills, die auch bei engerer Begriffsdefinition mit Sicherheit in diesem Buch enthalten gewesen wären. Es geht darum, die Grundlagen zu vermitteln in schwierigen Gesprächssituationen zu bestehen. Kommunikative Fähigkeiten überlagern und beeinflussen alle anderen Soft Skills. Daher machen wir hier den Anfang und stürzen uns dabei bezüglich der Quellenliteratur vor allem auf die sehr erfolgreiche Reihe „Miteinander Reden", die von Friedmann Schulz von Thun Herausgegeben wird.

Kapitel 4
Block I:
Kommunikative
Skills

Wir werden uns mit den bereits angesprochenen Kommunikationsmodellen ebenso befassen wie mit grundlegenden Fragetechniken. Anhand konkreter Fallbeispiele werden wir Konflikt- und

Kritikgespräche ebenso unter die Lupe nehmen, wie normale Projektbesprechungen und Teammeetings.

Neben diesen Klassikern werden allerdings auch schwierige Gespräche thematisiert, die besonders für Freelancer interessant sind. Hierzu gehört den richtigen Gesprächseinstieg zu finden, wenn man die eigene Unzufriedenheit im Unternehmen deutlich machen möchte ebenso, wie die umgedrehte Situation: Wie geht man damit um, wenn der Kunde unzufrieden ist und das in einem Gespräch äußert. Nicht zuletzt spielen für Freelancer natürlich finanzielle Fragen eine Rolle. Wie aber findet man den richtigen Gesprächsrahmen, um über die finanziellen Aspekte der freiberuflichen Tätigkeit mit dem Kunden zu sprechen?

Kapitel 5
Block II:
Die „Tugenden"

Kapitel 5 befasst sich danach mit dem zweiten Block von klassischen Soft Skills. Es handelt sich dabei um Soft Skills, die auch bei einer 2005 an der Fachhochschule des bfi Wien durchgeführten Erhebungen von den Befragten als besonders wichtig beim Personalrecruiting im IT-Bereich bewertet wurden. Viele davon kann man auch unter dem Begriff der Tugenden subsumieren, die so als Soft Skills eine Renaissance erleben.

Kapitel 6
Block III:
Die Restanten

Kapitel 6 übernimmt schließlich die Aufgabe des Besenwagens. Ein Besenwagen ist im Radsport ein Fahrzeug, das hinter dem Fahrerfeld herfährt und Sportler aufnimmt, die den Anschluss verpasst haben. In Kapitel 6 beschäftigen wir uns also damit, was bisher alles auf der Strecke geblieben ist.

Hier werden wir uns mit Dingen beschäftigen, die im Allgemeinen nicht als typische Soft Skills aufgezählt werden, aber sicherlich auch nicht zu den berufsspezifischen technischen, theoretischen oder praktischen Kenntnissen und Fertigkeiten von IT-Freelancern zählen. Viele davon befassen sich in gewissem Sinne mit dem eigenen Marketing beziehungsweise mit der Fremdwahrnehmung der eigenen Person. Wie man allerdings von anderen Personen wahrgenommen wird, ist letzten Endes das Ergebnis einer irgendwie gearteten Kommunikation. Sei es in einem klassischen Gespräch oder als Ergebnis von Akzenten die wir in der nonverbalen Kommunikation setzen.

Kapitel 7
10 Soft Skills

Am Ende unserer Überlegungen stehen schließlich **die 10 wichtigsten Soft Skills** für Freelancer. Sie bilden den Extrakt der bis dahin behandelten Themen und zeigen, worauf es als Freelancer neben den fachlichen Themen am meisten ankommt und warum das so ist.

1.4 Hinweise zum Buch

Die meisten von uns haben in der Schule gelernt, nichts in Bücher zu schreiben. Das halte ich für einen großen Fehler. Wahrscheinlich könnte man den Notenschnitt an deutschen Schulen deutlich heben, wenn Schüler in ihre Bücher schreiben dürften. Ich möchte Sie daher einladen, sich im Buch Notizen zu machen. Sie werden das Buch dann wahrscheinlich nicht mehr gebraucht verkaufen können, aber Sie erhöhen den Wert für sich dadurch um ein Vielfaches. Lesen Sie dieses Buch am besten immer mit einem Stift in der Hand. Streichen Sie an, was immer Ihnen gefällt, und streichen Sie durch, was für Ihre konkrete Situation uninteressant ist. Wenn die Stelle in einem Jahr für Sie wichtig wird, werden Sie sie schnell wiederfinden. Streichen Sie nicht nur an und durch; kommentieren Sie und nummerieren Sie sich Denkschritte am Rand mit. So werden auch eher theoretische Abschnitte zum ganz praktischen Arbeitsabschnitt. Welchen Vorteil sollte man sonst haben, ein Buch zu kaufen? Nutzen Sie diese Möglichkeiten.

Notizen, Notizen!

Am Rand des Buchs finden Sie regelmäßig Stichworte, die es Ihnen erleichtern sollen, wichtige Stellen wiederzufinden und das Buch als Nachschlagewerk zu nutzen. So können Sie die Kapitel nach den Stichworten am Rand überfliegen. Wichtige Stichworte, die als Wegweiser am Rand auftauchen, können Sie auch über das Stichwortverzeichnis nachschlagen. So finden Sie schnell, wonach Sie suchen.

Stichworte

Zusätzlich zu den Stichworten werden Icons verwendet, um auf besondere Dinge hinzuweisen. Eines dieser Icons haben Sie bereits auf der ersten Seite dieses Kapitels kennengelernt. Die Sprechblase verweist auf ein Zitat einer bestimmten Person. Neben der Orientierungshilfe durch die Icons sind diese Hinweise auch immer vom sonstigen Text freigestellt und grau hinterlegt. Im Folgenden sehen Sie die verwendeten Icons und die zugehörige Bedeutung:

Icons

http://psi2.de
(Hinweis auf eine Webseite)

Zitat oder Hinweis auf ein Buch, einen Artikel o. Ä.

Quellenangaben

Das Buch enthält zahlreiche Quellenangaben und Literaturhinweise. Sie erscheinen im Text in [eckigen Klammern] und verweisen auf das Literaturverzeichnis ab Seite 165.

Online-Quellen und QR-Codes

Das Buch enthält zahlreiche Quellenangaben und Literaturhinweise. Soweit es möglich war, habe ich versucht meine Aussagen durch offene Quellen im Internet zu belegen. Dadurch ist es möglich, sich mit wenigen Klicks und mit Hilfe der Google Buchsuche unter http://books.google.de nach weiterführender Literatur umzusehen. Die Bücher auf google.de sind zwar teilweise nur als eingeschränkte Vorschau verfügbar, diese reicht aber meist aus, sich ein Bild davon zu machen, ob sich der Kauf eines Buchs lohnt oder nicht – ähnlich einem Durchblättern im Buchladen.

Bei Gesetzen und Standards können die Quellen auch leicht als PDF gefunden werden. Auf einen Link habe ich verzichtet, da sich die URLs mit der Zeit ändern. Sie werden die Dokumente in jeder leistungsfähigen Suchmaschine finden. Diese im Internet verfügbaren „Papier-Quellen" sind am Ende der Fußnote durch ein solches Fähnchen gekennzeichnet: ⚑

Online-Quellen wurden jeweils mit Angabe der URL und des Datums der Einsichtnahme aufgeführt. Einige Seiten, können zusätzlich im ursprünglichen Zustand, in dem sie gesichtet wurden auf http://www.archive.org nachrecherchiert werden.

Webseite zum Buch

Zu einem anderen meiner Bücher gab es eine Webseite, die mit einer Foren-Software erstellt war und die Möglichkeit bot, mit dem Autor oder anderen Lesern in Verbindung zu treten. Sie wurde jedoch kaum genutzt und daher eingestellt. Die Erfahrung zeigt, dass das Internet in solchen Dingen deutlich schnelllebiger als ein Buch ist und viele Dienste über die Zeit verschwinden, was leider nicht in der Macht des Autors oder des Verlags steht. Wir möchten trotzdem nicht darauf verzichten, Links anzugeben, ohne wirklich zu wissen, wie lange sie letztendlich funktionieren.

Social Media

Aktuell können Sie mich am ehesten über eines meiner Profile in den Sozialen Netzwerken Facebook oder XING erreichen:

https://www.facebook.com/SebastianKlipper
(Facebook-Seite des Autors)

https://www.xing.com/profile/Sebastian_Klipper
(XING-Profil des Autors)

Dort finden Sie neben weiteren Informationen über mich als Autor und als Unternehmensberater auch regelmäßige Status-Updates und interessante Links rund um die Themen Soft Skills, Konfliktmanagement und Informationssicherheit.

1.4.1   ExAmple AG - Die Firma für die Fallbeispiele

Dieses Buch wurde nicht zur Benutzung an Universitäten geschrieben. Die behandelten Inhalte sollen nicht nur theoretisch funktionieren, sondern ganz praktische Anwendung finden. Fallbeispiele zu Beginn eines Abschnitts erlauben es dem Leser daher schnell festzustellen, ob das Kapitel seine Probleme adressiert oder nicht und helfen beim Verständnis.

Bereits in meinen beiden ersten Büchern *„Konfliktmanagement für Sicherheitsprofis"* und *„Information Security Risk Management"* spielten die Fallbeispiele in der ExAmple AG. Bisher standen vor allem die Security-Experten der Firma im Vordergrund.

Dort gibt es neben der Datenschutzbeauftragten **Alice,** den IT-Sicherheitsbeauftragten **Bob** und **Dave** sorgt für die Sicherheit des Werksgeländes. Für das vorliegende Buch sind die drei nur Nebendarsteller. Nachdem die beiden Security-Bücher mittlerweile in der zweiten Auflage vorliegen, haben sich Alice, Bob und Dave eine Pause auch redlich verdient.

Fallbeispiele

Nicht zum ersten Mal

Alice, Bob und Dave

https://tools.ietf.org/html/rfc2606
(example.com gemäß RFC 2606 Absatz 3.
Reserved Example Second Level Domain Names)

Die Mitarbeiter der ExAmple AG	Für dieses Buch stehen andere Protagonisten im Vordergrund. Die ExAmple AG ist ein Pharma-Unternehmen, das neben den vielen Security-Problemen auch mit den ganz normalen Herausforderungen des Projekt-Geschäfts zu kämpfen hat.
Malory	**Malory** arbeitet im Vertrieb. In meinem ersten Buch ist er dadurch unangenehm aufgefallen, dass er regelmäßig per E-Mail diverse Spaß-Programme und unglaublich lustige PowerPoint Präsentationen an die halbe Firma verschickt. Er ist sehr charmant, hält sich aber oft nicht an die Regeln.
Ted	Auch der Manager **Ted** ist ein alter Bekannter aus den anderen Büchern. Er überschreitet gerne mal Grenzen. Ob es nun darum geht, vertrauliche Dokumente über offene Kommunikationsverbindungen zu verschicken oder PowerPoint-Präsentationen in der Luft zu zerreißen. Er arbeitet nach dem Mach-3-Prinzip: Ted ist der Macher und wenn andere nicht mitmachen, dann macht er ihnen einen.
Jeff	**Jeff** wiederum ist aus der Forschungsabteilung und öffnet so ziemlich jede SPAM-Mail, die er per Mail zugeschickt bekommt. Überhaupt ist er der Alptraum eines jeden IT-lers: Sozusagen der perfekte Beta-Tester – keine Anwendung, die er nicht zum Absturz bringt. Kein Prozess, in dem er nicht einen Fehler findet.
Damon	Dem Forschungsleiter **Damon** ist die IT ohnehin schnuppe. Er will von dem ganzen IT-Kauderwelsch nichts wissen und einfach nur hören, dass es läuft. Was das genau für ihn bedeutet, kann er aber ebenso wenig in Worte fassen, wie viele andere Dinge. Kommunikation ist nicht gerade seine Stärke.
Frank und Petra	Im Mittelpunkt unserer Fallbeispiele stehen jedoch die beiden Freelancer **Frank** und **Petra**, die schon seit ein paar Monaten in unterschiedlichen Projekten der IT-Abteilung arbeiten. Sie werden uns mit ihren Erfahrungen helfen, herauszuarbeiten, welche Soft Skills man als Freelancer braucht, und wie man sie gewinnbringend nutzt.
Projekt-Schreck	Im Laufe des Buchs werden wir noch den ein oder anderen „Projekt-Schreck" kennenlernen, der Frank und Petra das Leben schwer macht. Zum Beispiel den IT-Leiter **David**, der wenig Spaß versteht, wenn es darum geht seine Vorgaben einzuhalten, die sich je nach Situation auch schon mal ändern können. Oder die Programmiererin **Monica**, die zwar richtig gut programmieren kann, die aber sonst mehr zur Kategorie Geek gehört und am

liebsten übers Netz kommuniziert, als das direkte Gespräch zu führen. Die anderen Personen werden wir im Laufe des Buchs noch kennenlernen.

Wie man jetzt schon ahnen kann, sind es nicht technische Probleme, die IT-Abteilung der ExAmple AG umtreiben. Wenn Frank und Petra bei ihrem Kunden bestehen wollen, brauchen sie neben ihrer fachlichen Qualifikation eine große Palette Soft Skills, mit deren Hilfe sie die kommunikativen und zwischenmenschlichen Klippen des Projektalltags umschiffen können.

Soft Skills gefragt

2 Alles nur Theater

„Die ganze Welt ist wie eine Bühne, wir stolzieren und ärgern uns ja ein Stündchen auf ihr herum, und dann ist unsere Zeit um. Doch was hat es mit der Bühne auf sich und mit den Gestalten, die sie bevölkern?"
-- Erving Goffman [4]

Für Erving Goffman ist die ganze Welt wie eine Bühne. In den Mittelpunkt seines Interesses stellt er die Menschen und mit Recht fragt er, was es mit ihnen auf sich hat. Auf einem Teil der Welt-Bühne spielt sich der Alltag von Freelancern ab.

2.1   Willkommen auf der Projektbühne

Alles nur
Theater

Auf der Projektbühne wird ein ganz besonderes Programm geboten: Als der Projektleiter erfährt, dass die fest zugesagte Unterstützung aus den Fachabteilungen plötzlich in Frage gestellt wird, stellt er erschüttert fest: *„Ich glaub, ich bin im falschen Film."* Der Abteilungsleiter, der die Absage erteilt hat, sagt dazu nur: *„Machen sie nicht so ein Theater!"* Für das Projekt ist die ganze Sache *„eine einzige Tragödie"*. Nicht anders sieht es mit der Verhandlung zur Vertragsverlängerung aus: *„Ein Krimi"*.

Abbildung 1:
Willkommen auf
der Projektbühne

Auf der Projektbühne sind die Experten Autor, Regisseur oder sogar Titelheld. Leider arbeiten sie mit anderen Schauspielern und Crew-Mitgliedern zusammen, die ungern Drehbücher lesen und eher auf das Stegreiftheater spezialisiert sind. Wir wollen uns im Folgenden ein Beispiel einer solchen Bühne anschauen:

Die Projekt-
bühne

Unser Freelancer Frank kommt nach einem verlängerten Wochenende zurück in sein „Theater". Wie zu erwarten war, wird weiterhin dieselbe Musik gespielt:

„Die neue Webanwendung erfüllt natürlich nicht die Anforderungen," wettert der Forschungsleiter Damon am Rande der Bühne mit erhobenem Zeigefinger.

Franks Kollegin Petra ist außer sich, warum daran das Projekt schuld sein soll, wenn man mit der Forschungsabteilung keine ordentliche Spezifikation erarbeiten kann, weil Damon sich nicht für technische Details interessiert und nicht in der Lage ist, sein Forscherwirrwarr in normalem Deutsch an den Mann zu bringen.

Der Projektleiter Ted wird seiner Rolle gerecht und putzt erstmal alle runter. Schuld haben natürlich alle, nur er nicht:

„Warum macht eigentlich keiner was er soll," und „muss ich denn hier alles alleine machen," schimpft er leise vor sich hin.

Aus dem Publikum werden erste Buh-Rufe laut und man spricht von den immer gleichen Problemen und verteufelt die IT-Abteilung, die sowieso nur Geld kostet. Ohne sie komme man aber nun mal nicht aus.

Frank soll die Personalplanung und die Rollenverteilung überarbeiten, hat aber weder vom Einkauf eine Verlängerung für das nächste Quartal für seine eigene Beauftragung, noch aus den Fachabteilungen eine Zusage für die anderen Projektmitarbeiter. Wer nun auf der Bühne stehen soll, ist unklar und der Forschungsleiter Damon kann sich nicht festlegen, was denn überhaupt gespielt werden soll. Wie immer ist Frank sich nicht sicher, ob er ihn bei der Anforderungsanalyse überhaupt richtig verstanden hat. Viele denken sowieso: Wozu braucht man im Stehgreiftheater einen Drehbuchautor? Man solle lieber auch mal „agil" vorgehen und am „Point-of-Sale" mit dem „Customer" die „Low-hanging-Fruits" mitnehmen. „Ja ne, is' klar", kommentiert Petra resigniert.

Als die Stimmung nach kurzer Zeit vollends im Keller ist, kommt aus der Bühnentechnik die Nachricht, dass man dringend ein Wartungsfenster brauche und die dringend nötigen Tests für nächste Woche abgesagt werden müssen. Ohne steht steht jedoch die ganze Vorstellung auf wackligen Füßen.

Als Frank dem Publikum verkünden will, dass sich alles noch etwas verzögern wird, fliegen aus dem Zuschauerraum die ersten Tomaten in Richtung Bühne: „Das war doch von vorneherein klar! Genau dasselbe wie letztes Jahr!"

In diesem Moment betritt der Intendant die Bühne und verkündet, dass nach äußerst erfolgreichen Gesprächen mit dem IT-Leiter David das Budget der Projektbühne um 20 % gekürzt wird. Er freue sich über die Effizienzsteigerung und die gute Zusammenarbeit in den nächsten Monaten.

Abbildung 2:
Es geht drunter
und drüber!

**Ist das Ihr
Theater?**

Bei einigen Lesern macht sich jetzt vielleicht das Gefühl breit, dass sie in einem ähnlichen Theater arbeiten. Die Protagonisten der Projektbühne sind es in weiten Teilen gewohnt, alles in Projektplänen festzuhalten und dann doch aus dem Stegreif zu spielen. Damit muss man wohl irgendwie leben. Es macht aber keinen Sinn, sie verbiegen zu wollen. Viele sehen es gar als ganz normalen Bestandteil eines Projekts, dass einmal gemachte Pläne über den Haufen geworfen werden und erfahrene Projektmitarbeiter so etwas von vorneherein berücksichtigen.

**Widerstrebende
Interessen**

Was hingegen Sinn macht, ist nach einer anderen kommunikativen Ebene zu suchen, um all die Interessenstränge zusammenzuführen, die auf der Projektbühne zusammenlaufen. Dazu muss man zuerst ein Verständnis für diese Interessen entwickeln und sich eine Methodik erarbeiten, mit der man sie systematisch bewerten und verstehen kann.

2.2 Von Darstellern und Darstellungen[1]

Wenn wir sagen, dass sich der Alltag von Freelancern auf einer Bühne abspielt, müssen wir diesen Vergleich zunächst einschränken: Auf einer Bühne wird nicht das echte Leben dargestellt. Im beruflichen Alltag hingegen spielen wir höchstwahrscheinlich unsere echte Rolle, sind im Gegensatz zu Schauspielern allerdings unzureichend geübt. Auf der Bühne interagieren Schauspieler

---

[1]　Gliederung dieses Abschnittes weitestgehend nach [8]

untereinander und ihre Rollen wurden zuvor aufeinander abgestimmt. Auf der Bühne des Alltags wird aus dem Stegreif gespielt und einzelne Zuschauer und Darsteller wechseln häufig die Plätze. Wer gerade noch passiv war, taucht plötzlich in die Handlung ein und umgekehrt.

Jeder Mensch hat nun auf dieser Bühne seine durch seine Funktion im Unternehmen weitestgehend festgelegte Rolle. Die einen spielen sie überzeugender als die anderen. Und nicht jedem wird von seinem Publikum erlaubt, aufrichtig zu spielen. Wir alle kennen den Grundsatz, nachdem Vorgesetzte in schwierigen Gesprächen ihre Mitarbeiter zunächst loben sollen, bevor sie zum Kern des Problems vorstoßen. Die meisten Vorgesetzten haben diesen Grundsatz mittlerweile verinnerlicht, die Wenigsten jedoch spielen sie so, dass man ihnen Glauben schenken möchte. Dem einen Mitarbeiter im Support glaubt man, dass er sich wirklich für die kleinen PC-Problemchen seiner Kunden interessiert, bei anderen hat man beim telefonischen Kontakt eher das Bild eines gelangweilten Nerds vor Augen.

Der Glaube an die eigene Rolle

Unsere Aufgabe ist es nun, das ungeübte, instinktive Spiel gegen ein professionelles und überzeugendes Auftreten zu ersetzen. Es hilft nicht, wenn man in einer Soft Skills Schulung gelernt hat, das es gut ist seine Mitarbeiter zu loben, man muss davon überzeugt sein, dass es so ist. Wir müssen diese Aspekte unserer Rolle mit Engagement und Überzeugungskraft vortragen, wenn wir uns hierdurch einen Vorteil verschaffen wollen. Wir dürfen erlernte Soft Skills nicht mit gelangweiltem Zynismus auf die Bühne des Arbeitsalltags bringen, sondern müssen stets nach Aufrichtigkeit streben.

Zynismus vermeiden

> *Petra und Frank stehen im Eingangsbereich des Unternehmensgebäudes. Frank ist immer noch ärgerlich, weil er beim Mittagessen sein Hemd ruiniert hat – alles voller Tomatenflecken. Als sei das nicht genug, kommt genau in diesem Moment auch noch der Vorstandsvorsitzende der ExAmple AG in seiner schwarzen Limousine vorgefahren. Die hintere Tür öffnet sich, bevor der Wagen steht und sofort steigt der Vorstand mit erhabener Pose aus.*

Fallbeispiel 1: Alles nur Fassade

Frank denkt an die Flecken auf dem Hemd: „Oh nein, warum gerade heute?" Aber er versucht gute Miene zum bösen Spiel zu machen: „Guten Tag Herr Dr. Müller."

Petra versucht zwar auch etwas zu sagen, aber außer einem „ha … he-e … HATSCHI!" bekommt sie nichts heraus.

Der Vorstandsvorsitzende schaut auf Franks Hemd, erschrickt etwas vor dem Niesen, grüßt mit finsterer Miene zurück und drückt gegen die Glastür zum Gebäude – nichts bewegt sich.

„Ziehen", sagt Frank und erstarrt dabei zur Salzsäule. Wortlos und mit kaum zu erkennendem Kopfschütteln verschwindet Herr Dr. Müller im Gebäude. Schweigen bei Petra und Frank.

„Oh Gott, wie peinlich war das denn", sagt Petra leicht hüstelnd und Frank erwidert: „Der muss doch jetzt denken, wir sind völlig bekloppt. Der eine kann nicht essen und die andere nicht mal ein Niesen unterdrücken – aber schlaue Sprüche reißen."

Alles nur Fassade

Neben darstellenden Aspekten unserer Rolle gibt es auch andere Aspekte, die entscheidenden Einfluss auf unsere Glaubwürdigkeit haben. Hierzu zählen Äußerlichkeiten, wie unsere Kleidung, unsere IT Ausstattung oder unser Dienstwagen. Aber auch unser standardisiertes Ausdrucksrepertoire gehört dazu und auch unser äußeres Erscheinungsbild. Also neben unserer Gestik, unserer Kleidung auch unsere Größe, das Alter und unser Geschlecht.

Konsistenz der Erscheinung

Man kann die äußere Fassade nach Erscheinung und Verhalten gliedern. Die Erscheinung einer Person informiert uns darüber, in welcher Situation sich eine Person befindet. Denken Sie beispielsweise an den vom Alter gereiften Vorstandsvorsitzenden eines Pharma-Konzerns, der in Anzug und erhabener Pose einen Dienstwagen verlässt oder dieselbe Person in derselben Situation ohne die passende Kleidung. Schnell könnte man denken, der Hausmeister sei mit dem Vorstandswagen abgeholt worden und wollte sich auch mal im staatsmännischen Auftritt üben. Würde eine junge, leger gekleidete Person den Wagen verlassen, würden wir wohl wahlweise an den studierenden Nachwuchs des Vorstands denken oder an den Gründer eines Internet-Riesen. Wir erwarten also eine konsistente Erscheinung und beurteilen diese Konsistenz anhand unserer Erwartungshaltung für eine bestimmte Situation.

Aber nicht nur das: Wir erwarten ebenfalls eine Kohärenz zwischen Erscheinung und Verhalten. Wir wären verwirrt, wenn der staatsmännische Vorstand mit sportlich lässiger Geste das Fahrzeug verlassen würde und wenn sich schnöselige BWL-Studenten bereits im Studium kleiden als seien sie schon der Vorstandsvorsitzender einer Bank, sind wir ebenso irritiert. **Übereinstimmung von Erscheinung und Verhalten**

Auch das Bühnenbild als Teil der Fassade spielt eine Rolle. Um bei unserem Bild zu bleiben: Stellen Sie sich vor, die sonst eindeutig als Vorstandsvorsitzender zu erkennende Person steigt aus der schwarzen Luxus-Limousine und verschwindet nicht eilig in einem riesigen gläsernen Bürogebäude, sondern in einem kleinen Immobilienbüro in irgendeinem Industriegebiet auf dem Land. Wir würden aufgrund unserer gesellschaftlichen Prägung und unserer Erfahrungen sofort eine Unstimmigkeit feststellen. Man kann vortreffliche Diskurse darüber führen, ob das nun gut oder schlecht ist, dass wir Menschen auf diese Art und Weise in Schubladen stecken, in die der ein oder andere vielleicht nicht hinein passt. Oder wir können akzeptieren, dass Menschen eben so reagieren und lernen mit diesem Sachverhalt offen und gekonnt umzugehen. **Auch das Bühnenbild muss passen**

Ein weiterer wichtiger Aspekt der Glaubwürdigkeit unserer Rolle ist eine gekonnte Dramaturgie. Führen Sie sich etwa das Beispiel eines Fußballschiedsrichters vor Augen. Wir erwarten von einem Schiedsrichter eine absolute Zuverlässigkeit und stets richtige Entscheidungen. Hierzu gehört nicht nur, dass sie objektiv richtig sind, sondern auch richtig aussehen. Dazu ist es für Schiedsrichter besonders wichtig, sofort zu entscheiden. Würden sie sich bei Bedarf einen kleinen Moment Zeit nehmen, um bei Zweifelsfällen Sicherheit zu erlangen, wären sie schnell nicht mehr bei Top-Spielen dabei. In einer umstrittenen Situation ist es für einen Schiedsrichter besser schnell zu entscheiden als richtig. Entscheidet er zögerlich aber richtig, ist die Diskussion vorprogrammiert. **Dramatische Gestaltung**

Auch wenn jeder weiß, das nachdenkliche Momente oder gar Momente der Zerstreuung für die geistige Arbeit nötig sind, will keiner dadurch negativ auffallen. Nicht einmal in einer Pause: Am Arbeitsplatz die Augen kurz zu schließen oder in der Mittagspause am Arbeitsplatz den Sportteil der Zeitung zu lesen kann unschöne **Schlechtes Timing**

Folgen haben, wenn das Timing nicht stimmt und in diesem Moment der Vorstand seinen jährlichen Abteilungsbesuch macht. Auch hier kann man wieder darüber Streiten, ob das gut oder schlecht ist, oder man kann versuchen, das Beste daraus zu machen und solche Situationen vermeiden. Als Freelancer sind wir unser eigener Chef und Mitarbeiter – welche der beiden Rollen in einem solchen Konflikt die Oberhand behält und sich durchsetzt, entscheiden wir selbst.

Sichtbarkeit

Die Herausforderung, die dahinter steckt ist es, mit der eigenen Arbeit Sichtbarkeit zu erwecken, was nicht immer trivial ist. Neben Pausen sind auch informelle Gespräche und Networking wichtig – gerade, wenn man erst kurz in einem Unternehmen ist. Auf der anderen Seite ist es eben nicht ratsam, in den ersten Wochen von Kaffee-Gespräch zu Kaffee-Gespräch zu tingeln. Selbst dann nicht, wenn das der Schlüssel zum eigenen Erfolg ist.

Tue Gutes und rede darüber

Eine Redewendung aus der Berufswelt besagt: „Tue Gutes und rede darüber". Häufig findet sich der Einzelne im Widerstreit zwischen Sichtbarkeit und Handeln. Gerade denjenigen, die voll ausgelastet sind und viel Zeit mit Arbeiten verbringen, fehlt häufig die Zeit, anderen aufzuzeigen, wie gut sie ihre Arbeit machen. Größere Projekte haben hierfür häufig eine eigene Stelle, die sich um die Kommunikation nach außen kümmert. Als Freelancer sind wir hier gänzlich für uns selbst verantwortlich.

Idealisierung einer Rolle

Wir hatten bereits darüber gesprochen, dass wir als Zuschauer die Darstellung einer bestimmten Rolle auf Grundlage eines gesellschaftlich geprägten Bezugsrahmens beurteilen. Dieser Bezugsrahmen gilt nicht nur für uns als Zuschauer, sondern auch für uns als Darsteller. Für die passende Auswahl der Bekleidung für das Büro wird häufig empfohlen, sich nicht entsprechend der Position zu kleiden, die man bereits inne hat, sondern entsprechend der Position, die man als nächstes erreichen möchte. Das gilt nicht nur für die Kleidung, sondern auch für die Arbeitsmoral, die Leistungsbereitschaft und das gesamte Auftreten. Wir versuchen dadurch, eine vermutete Erwartungshaltung unserer Mitmenschen zu erfüllen und uns über den Durchschnitt hinweg zu heben: Man empfiehlt sich so dezent für höhere Aufgaben oder versucht doch zumindest zu bestätigen, dass man zu Recht mit der aktuellen Aufgabe betraut wurde. Menschen versuchen in solchen und ähnlichen Situationen ein vorhandenes oder zumindest vermutetes Idealbild zu erfüllen und richten danach ihr Verhalten aus.

Erving Goffman schreibt hierzu [5]: „Ebenso verbreiten Geschäftsführer häufig eine Aura der Kompetenz und allgemeinen Übersicht über die Situation und verbergen so vor sich und anderen die Tatsache, dass sie ihre Stellung zum Teil dem Umstand verdanken, dass sie wie Geschäftsführer aussehen, aber nicht, dass sie wie Geschäftsführer arbeiten können." Er verweist dabei auf ein konkretes Beispiel: Bei der Besetzung von Geschäftsführer-Jobs würde neben fachlicher Qualifikation mehr und mehr auch auf Äußerlichkeiten Wert gelegt und nach Personen gesucht, die auch wie idealtypische Geschäftsführer aussehen. Es werde nach einem idealen „Hollywoodtypen" gesucht.

Geschäftsführer-Casting

Genauso wie viele eine Vorstellung vom idealen Geschäftsführer haben, haben Sie unter Umständen eine Vorstellung vom idealen Freelancer, die je nach Tätigkeitsbereich abweicht. Jeder hat eine Idee von einem externen Business-Consultant oder einem freiberuflichen Programmierer. Diese Idee können wir uns zu Nutze machen.

Der ideale Freelancer

Lassen Sie uns die bisherigen Ergebnisse kurz zusammenfassen. Wir haben auf den letzten Seiten die folgenden vier Aspekte einer Darstellung auf der Bühne des Berufslebens betrachtet:

Rekapitulation

- ⇒ Der Glaube an die eigene Rolle
- ⇒ Die äußere Fassade
- ⇒ Die dramatische Gestaltung
- ⇒ Die Sichtbarkeit der eigenen Arbeit
- ⇒ Idealisierung einer Rolle

Im Folgenden werden wir weitere Aspekte betrachten, die sich im weitesten Sinne mit der Glaubwürdigkeit einer Rolle auseinandersetzen:

Weitere Aspekte

- ⇒ Ausdruckskontrolle
- ⇒ Unwahre Darstellungen
- ⇒ Schwindel und Wahrheit

Es gibt eine Summe von Verhaltensweisen, die Menschen dadurch beschreiben, dass sich eine gewisse Person nicht unter Kontrolle habe, wobei hier nicht etwa eine aufbrausende Art gemeint ist. Es geht vielmehr um kleine Gesten oder Fehltritte, die man sich leisten kann. Die meisten dieser Verhaltensweisen werden kleinen Kindern zugestanden und mit dem Erwachsenwerden bringt man sie nach und nach unter „Kontrolle". Wir rennen nicht mehr über die Flure, wir rülpsen nicht, wir stolpern nicht, wir versprechen

Ausdruckskontrolle

uns nicht, niesen nicht laut, wir fallen anderen nicht ins Wort, gehen nicht mitten im Gespräch zur Toilette. Wir kratzen uns nicht dauernd, lachen nicht grundlos, wir rempeln keine Leute an und wir niesen nicht, wenn wir dem Vorstandsvorsitzenden guten Tag sagen wollen und Vorstandsvorsitzende rennen nicht gegen verschlossene Türen. Bei all diesen Verhaltensweisen handelt es sich, in der Wahrnehmung durch andere, um den symbolischen Beweis von Unfähigkeit, schlechtem Benehmen oder mangelnden Respekt. Am Filmset ruft der Regisseur: „Cut! Alles auf Anfang!" – auf der Bühne des Lebens geht es unerbittlich weiter.

Ein falscher Ton

Auf diese Weise kann ein falscher Ton dass ganze Konzert verderben. Der eine falsche Ton lässt das Publikum unter Umständen denken, dass der Rest des Konzerts nur ein Glücksfall war. Alles, was wir in den zuvor betrachteten Aspekten richtig gemacht haben, kann durch ein eine mangelnde Ausdruckskontrolle in ein schlechtes Licht gerückt werden.

Unwahre Darstellungen

Vielleicht hat bei Ihnen beim bisherigen Lesen unterschwellig das Gefühl mitgeschwungen, dass irgendetwas falsch daran ist, eine Rolle zu spielen. Es ging allerdings nicht darum, irgendeine beliebige Rolle zu spielen, sondern um eine ganz spezielle Rolle: die eigene. Es geht also im Berufsleben darum, zu fragen, ob jemand das Recht hat eine bestimmte Rolle einzunehmen. „Benimm dich nicht, als wärst du hier der Chef", wäre eine Kritik, die nicht dem Chef selbst entgegen gebracht würde, sondern jemand der sich durch sein Verhalten einer Rolle anmaßt, die ihm nicht zusteht, wenn also jemand die Unwahrheit darstellt.

Von Schwindlern lernen

Die Wahrnehmung, ob jemand die Wahrheit oder die Unwahrheit darstellt, ist allerdings sehr individuell. Für die Einen sind externe Berater legitimer Bestandteil eines Unternehmens, für die Anderen sind sie überflüssige, kostspielige und unaufrichtige Selbstdarsteller, die in langen Berichten aufschreiben, was das Unternehmen bereits vorher wusste. Aber egal, ob aufrichtige oder unaufrichtige Darsteller, beide müssen ihre Darstellung durch Verhaltensweisen untermauern, die zur Rolle passen und solche Verhaltensweisen unterlassen, die der Glaubwürdigkeit der Darbietung schaden. Durch diese Ähnlichkeit können wir auch von den Schwindlern etwas über vollkommen aufrichtige Darstellungen lernen.

Schwindel und Wahrheit

Ist man also bereits ein Schwindler, wenn man versucht seine tatsächliche Rolle im Berufsleben durch professionelles und gekonntes Auftreten, eine glaubwürdige Fassade und eine gute

Dramaturgie zu untermauern? Ich glaube nicht. Im Berufsleben geht es letztlich um ein Geschäft, noch dazu als Selbstständiger. Wer Inhaber eines Geschäfts ist, der muss sein Geschäft nach außen darstellen und es ist absolut legitim, dass möglichst positiv zu tun.

Es gibt Menschen, deren Darstellung empfinden wir als ehrlich und nicht aufgesetzt – ob das tatsächlich so ist, wissen wir in den seltensten Fällen. Weder im Positiven, noch im Negativen. Auch eine ehrliche und intuitive Darstellung kann aufgesetzt und unehrlich wirken. Bei uns selbst wissen wir natürlich immer ganz genau, was gespielt ist und was uns quasi aus der Seele kommt. Daher können wir mit uns selbst auch besonders streng ins Gericht gehen und unser Handeln mit erhobenem Zeigefinger tadeln, wenn wir mal zu dick aufgetragen haben.

Ob wir dabei als „ehrliche Haut" oder als „unehrlicher Schauspieler" wahrgenommen werden, liegt nicht daran, ob wir ehrlich oder unehrlich sind, sondern nur daran, ob wir uns vor dem Publikum richtig darstellen.

2.3   Zusammenfassung

Vor dem Hintergrund der Betrachtungen dieses Abschnitts wird jetzt noch deutlicher, warum ich für dieses Buch eine Definition von Soft Skills gewählt habe, die deutlich über das hinausgeht, was in der diesbezüglichen Literatur üblich ist. Vor diesem Hintergrund gehen Soft Skills weit über das hinaus, was gemeinhin als Sozialkompetenz bezeichnet wird. Wer seine Rolle im beruflichen Alltag überzeugend und ohne Zynismus spielen will, wer mit überzeugender Fassade und konsistenter Erscheinung seine Sichtbarkeit erhöhen und dabei nicht als unehrlicher Schauspieler wahrgenommen werden will, für den reicht es nicht aus neben fachlichen Fertigkeiten noch eine mehr oder weniger ausgeprägte Sozialkompetenz zu besitzen.

Soft Skills gehen über Sozialkompetenz hinaus

Eine generische Begriffsdefinition greift im konkreten Anwendungsfall zu kurz. Wenn wir nach den Soft Skills suchen, die für IT-Freelancer besondere Bedeutung haben, müssen wir diese sozialkompetenten Einstellungen und Fähigkeiten nicht nur generisch, sondern viel konkreter benennen. Wir müssen diese so zusammenstellen, dass sie in der Summe dazu beitragen, dass wir

Vom Generischen zum Konkreten

in unserer Rolle als externer Mitarbeiter als professionell, ehrlich und wahrhaftig wahrgenommen werden.

Wir werden auf viele Punkte, die wir in den ersten Grundlagenkapiteln behandeln, in den nachfolgenden Kapiteln zurückkommen und so Stück für Stück die für uns benötigten und wichtigen Soft Skills erarbeiten.

3 Von Zwängen, Zielen, Prioritäten und Risiken

„Man sollte die Dinge so nehmen, wie sie kommen.
Aber man sollte dafür sorgen, dass die Dinge so
kommen, wie man sie nehmen möchte."
-- Curt Götz (dt. Schriftsteller, 1888-1960)

Nachdem wir uns im letzten Kapitel mit unserer Rolle im beruflichen Alltag beschäftigt haben, wollen wir uns in diesem Kapitel damit auseinandersetzen, was uns in dieser Rolle beeinflusst und wie wir überhaupt zu dieser Rolle gekommen sind. Wir werden fragen welchen Zwängen Menschen unterliegen, welche Ziele sie mit welchen Prioritäten verfolgen und welche Risiken sie auf dem Weg der Zielerreichung fürchten.

3.1   Die vier Problemfelder

Mit der systematischen Berücksichtigung von nur vier Worten kann man sich so manches Problem vom Halse schaffen: Zwänge, Ziele, Prioritäten und Risiken.

Die Probleme der Anderen

Dabei geht es nicht vornehmlich um die eigenen Ziele oder die eigenen Zwänge, sondern die der Anderen. Wer im Zusammenspiel mit anderen Personen seiner eigenen Ziele erreichen will, benötigt ein vertieftes Verständnis davon, welche Ziele diese für sich verfolgen. Sobald man hierfür einen Blick entwickelt hat, lassen sich viel schneller Punkte identifizieren, bei denen man nicht am gleichen Strang zieht oder sich sogar gegenseitig im Weg steht. Es geht in dieser Betrachtung aber nicht nur um Ziele, sondern auch um Zwänge, Prioritäten und Risiken, welche die anderen beteiligten Personen bewegen.

Fallbeispiel 2: Zwänge, Ziele, Prioritäten und Risiken

Kommen wir nun zum zweiten Fallbeispiel in der ExAmple AG, in der die Freelancer Frank und Petra seit ein paar Monaten in mehreren Projekten der IT-Abteilung arbeiten.

*„Wenn ich den IT-Leiter David mal verstehen würde. Regelmäßig vor dem quartalsmäßigen Steuerungsgremium der Bereichsleiter ändern sich hier die **Prioritäten**, um danach wieder zurückgedreht zu werden,“ sagt Frank zu Petra in einer Pause bei einer Tasse Kaffee.*

*„Naja, David gewichtet dann seine **Ziele** natürlich ganz anders, weil er dann anderen **Zwängen** unterliegt, als in den unbeobachteten Phasen zwischen den Steuerungsrunden,“ erwidert Petra.*

*„Du meinst also, kurz vor den Steuerungsrunden ist das **Risiko** besonders hoch, unangenehm aufzufallen und traurige Berühmtheit zu erlangen.“*

*„So ist es, Frank! Probleme, die zwischen den Runden auftauchen, können wir intern abbacken, während sie dort ganz andere Tragweite entfalten können. Da muss David dann auch die **Risiken** und **Ziele** berücksichtigen, die im Kreis der Bereichsleiter gerade **Priorität** haben. Die unterliegen ja auch wieder ganz anderen **Zwängen** als unsereins!“*

Will man nicht zwischen den anderen Akteuren auf der Projektbühne zerrieben werden, muss man sich eingehend mit ihnen
auseinandersetzen, sie studieren. Was beschäftigt sie? Im Grunde
muss man sich die Fragen stellen, die sich auch ein Vertriebsmitar-
beiter stellen muss, um seine Produkte an den Mann oder die Frau
zu bringen: Welchen **Zwängen** unterliegen meine Kunden; welche
Ziele verfolgen sie mit welchen **Prioritäten** und welche **Risiken**
beunruhigen sie?

Das schätzt bei Weitem nicht jeder gleich ein, nur weil er sich im
gleichen Projekt befindet. Das liegt daran, dass ein konkretes
Risiko sich unterschiedlich auf die Betroffenen auswirken kann.
Die Projekt-Risiken müssen daher für alle Projektbeteiligten in
persönliche Risiken übersetzt werden und genau so ist das auch
für Zwänge, Ziele und Prioritäten nötig.

Zwänge, Ziele,
Prioritäten und
Risiken

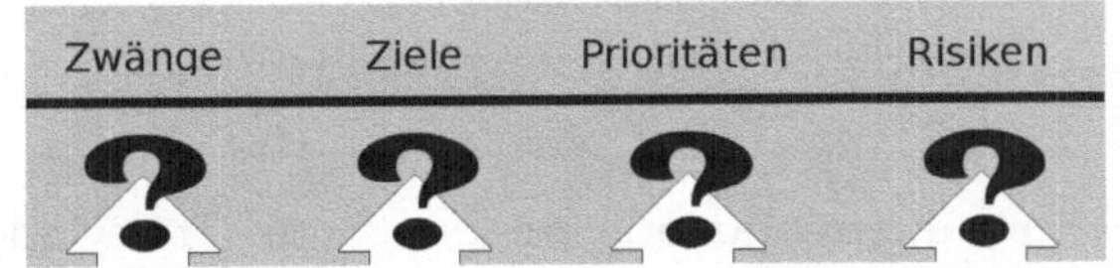

Abbildung 3:
Die vier Problem-
felder der Akteure

3.1.1   Zwänge

Beginnen wir mit der Klärung der Frage, was man unter Zwängen
versteht. Betrachten wir dazu zuerst, wann eine Person nicht unter
Zwang steht. Das ist immer dann der Fall, wenn man in seinen
Handlungen nicht eingeschränkt wird oder diese gar vorgegeben
oder bestimmt werden. Diese Einschränkungen oder Vorgaben
können unterschiedlicher Natur sein und zum Beispiel aus
Gesetzen oder von Personen stammen. Sie können kulturellen
Ursprungs sein oder auch nur angenommen werden – also gar
nicht konkret ausgesprochen oder festgeschrieben sein. Dies ist
sogar häufiger der Fall als man denkt, wenn z. B. in einer Art
vorauseilendem Gehorsam angenommen wird, ein Entscheidungs-
träger würde ein Vorgehen missbilligen, ohne dass man wirklich
zuvor nachgefragt hat. In jedem Fall kann man sich die Zwänge
unter denen man steht, nicht aussuchen. Sie werden quasi von
außen auferlegt oder zumindest als von außen auferlegt wahrgenommen.

Der Mensch steht im Mittelpunkt

Mit diesen Zwängen fängt alles an. Jeder Mensch unterliegt gewissen Zwängen – besonders in der Arbeitswelt. Wichtig dabei ist, dass diese Zwänge für jeden Menschen individuell sind und auch individuell wahrgenommen werden. Das gilt vor allem auch dann, wenn diese Menschen als Mitarbeiter oder Kollegen im selben Unternehmen oder der selben Behörde tätig sind, selbst dann, wenn sie nominell genau den gleichen Job haben.

Individuelle Unterschiede

In der Realität wird diese triviale Feststellung viel zu selten beachtet. Im besten Fall fragt man sich, welche Zwänge auf einen Projektleiter an sich wirken. Viel zu selten wird danach gefragt, was auf einen ganz speziellen Projektleiter für Zwänge wirken. Sätze wie *„Als Projektleiterin müsste das doch in ihrem Sinne sein"*, oder *„Als Projektleiter sollte er das jetzt entscheiden"* sind daher wenig sinnvoll. Gleiches gilt natürlich insbesondere für die Mitarbeiter eines Projekts. Es ist nicht entscheidend, welche Zwänge der Projektleiter seinem Team in der Projektbesprechung mitgeteilt hat, es ist entscheidend, welche Zwänge von jedem einzelnen der Mitarbeiter wahrgenommen wurden.

Vorgaben von Vorgesetzten gehen beim einen Mitarbeiter sofort ins linke Ohr hinein und aus dem rechten Ort wieder hinaus, während sie bei einem anderen Mitarbeiter noch Jahre später befolgt werden, ohne zu hinterfragen, ob der Vorgesetzte seine Vorgabe nach so langer Zeit überhaupt noch aufrechterhalten würde.

Es geht um konkrete Personen

Die Frage muss daher konkret auf eine Person bezogen sein: *„Alice ist unsere Projektleiterin. Was wäre denn in ihrem Sinne?"* Oder: *„Frank ist unser Projektleiter: Können wir in dieser Sache eine Entscheidung von ihm erwarten?"* Tauscht man in diesen Fragen die Namen aus können die Antworten komplett unterschiedlich ausfallen.

Die Dynamik der Zwänge

Wir dürfen daher nicht zu sehr in den Schubladen eines Managementkurses denken, in dem alle Rollen und Aufgaben in einem Projekt klar umrissen und fast unumstößlich sind. Wir müssen vielmehr in Personen denken, die leben und sich täglich weiterentwickeln. Das macht es nicht einfacher. Die Zwänge, denen eine Person unterliegt, können sich also von heute auf morgen grundlegend verändern:

Wer gerade eben noch eine große Reisebereitschaft zeigte, der kann schon morgen jeden Tag bei seinem neugeborenen Kind verbringen wollen.

Wer gerade eben noch für Überstunden zu haben war, der kann schon morgen anderweitige Verpflichtungen haben, die ihn genau davon abhalten.

Zwänge können sehr dynamisch sein, weil sie eben meist von außen kommen. Will man also vor bösen Überraschungen gefeit sein, muss man sich nicht nur mit der betroffenen Person selbst, sondern auch mit ihrem Umfeld auseinandersetzen.

3.1.2   Ziele

In einem zweiten Schritt wollen wir uns nun damit auseinandersetzen, woher die Ziele von einzelnen Personen stammen und warum wir sie kennen sollten. Zum einen ergeben sie sich natürlich aus den von außen auferlegten Zwängen. Dies gilt vor allem für Vorgaben, die vom Unternehmen beziehungsweise seinen Managern an Mitarbeiter weitergegeben werden. Hier würde man zum Beispiel zunächst an Zielvereinbarungsgespräche denken oder an die in einer Projektbeschreibung festgelegten Ziele.

Beide Beispiele beinhalten ein Problem: Im ersten Fall ist der Inhalt der Zielvereinbarungsgespräche meistens nur den Gesprächsteilnehmern bekannt und im zweiten Fall müssen die in der Projektbeschreibung festgelegten Ziele nicht unbedingt mit den tatsächlichen Zielen der Projektauftraggeber übereinstimmen. In diesem Zusammenhang genießen Kaffeegespräche über eine vermeintliche „Hidden Agenda" des Managements bei Projektmitarbeitern überall in der Welt eine große Beliebtheit. Aber nicht nur das Management steht im Verdacht, nicht mit offenen Karten zu spielen. Mitarbeitern in den letzten Berufsjahren wird regelmäßig angedichtet, nur noch die letzten Jahre möglichst stressfrei „absitzen" zu wollen. Andere wiederum stehen im Verdacht, jemandem irgendetwas „heimzahlen" zu wollen und wieder andere werden hinter vorgehaltener Hand bezichtigt, sich durch ihr Engagement im aktuellen Projekt für „höhere Aufgaben" empfehlen zu wollen.

Auch wenn man sich wünschen mag, dass Ziele klar formuliert und jedem bekannt sind: sie sind es leider häufig genug nicht und genau daraus können viele Probleme resultieren, die wir allein mit unserem technischen Fertigkeiten nicht lösen können. Genau das sind die Situationen, in denen die Soft Skills, die wir im Laufe der nächsten Kapitel erarbeiten wollen, gefragt sind.

3.1.3   Prioritäten

Gewichtete Ziele

Die Funktion von Prioritäten ist es nun die Ziele in eine Reihenfolge zu bringen und nach Gewicht zu ordnen. Das hört sich zunächst trivialer an als es ist. Auch ihnen sind sicher schon Prioritätsskalen von 1-5 begegnet, von denen nur die ersten drei Prioritäten eine Rolle spielen. Kaum ist dann eine gewisse Zeit vergangen, gibt es nur noch Priorität-1-Themen und kurze Zeit später wird Priorität-1 unterteilt in Priorität-1a, 1b und 1c, woraufhin wieder etwas später Priorität-1a um Sternchen ergänzt wird. Ich habe das vor vielen Jahren einmal in einer Bundesbehörde bei den Bauunterhaltsmaßnahmen so erlebt. Prioritäten erleiden so sehr häufig eine Inflation und es ist nicht immer sofort für alle Außenstehenden ersichtlich, in welcher Priorität sie sich mit ihrem Anliegen tatsächlich befinden.

Eigene und fremde Prioritäten

Das bedeutet, dass es Prioritäten gibt, die nach innen hin festgelegt wurden, also für einen selbst oder für die eigene Gruppe und das es Prioritäten gibt, die nach außen wirken. Während man die eigenen Prioritäten vielleicht noch überblicken kann, wird es innerhalb einer Gruppe schon schwerer. Was dem einen Gruppenmitglied wichtig ist, kann dem anderen schon ziemlich egal sein. Dadurch haben die Prioritäten große Auswirkungen auf die zuvor besprochenen Ziele. Es hilft demnach wenig, sich auf ein bestimmtes Ziel zu einigen, wenn dieses anschließend in einer Skala mit Priorität-1a*-Zielen in Priorität fünf eingeordnet wird. Das hat in der einen oder anderen Art jeder schon einmal bei Äußerungen von Politikern wahrgenommen: Klimagipfel heißt hier das Stichwort.

Priorität 0

Noch schwieriger wird es schließlich, wenn man fremde Prioritäten einschätzen möchte oder muss. Will man nämlich unnötige Konflikte vermeiden, ist es wichtig die Prioritäten anderer Menschen richtig einzuschätzen. So vermeidet man auf der einen Seite Enttäuschungen, auf der anderen Seite hilft die richtige Einschätzung bei der Erreichung der eigenen Ziele. Wenn man also beispielsweise für sich selbst entschieden hat, dass Klimaschutz ein gesellschaftliches Ziel mit hoher Priorität sein sollte, reicht es nicht sich auf die Versprechen der Politiker zu verlassen, die dieses Ziel zwar vollmundig verfolgen, es aber häufig genug hinter andere Ziele zurückstellen – ein Problem, das einen nicht nur bei Politikern zur Verzweiflung treiben kann. Dadurch kann eine niedrige Priorität die gleiche Bedeutung haben, als wäre ein Ziel gar nicht vorhanden.

In ähnlichem Maße, wie andere uns über ihre Prioritäten im Unklaren lassen, machen wir das häufig mit anderen – bewusst oder unbewusst. Auch darüber müssen wir bei Zwängen, Zielen, Prioritäten und Risiken nachdenken. Wir können immer nur so gut verstanden werden, wie wir in der Lage sind unsere eigenen Gedanken nach außen zu transportieren.

3.1.4   Risiken

Auch bei den Risiken liegt vieles im Dunkeln. Nicht nur, dass jeder Mensch andere Risiken sieht. Jeder Mensch hat eine andere Sichtweise auf Risiken an sich und jeder Mensch hat einen anderen Risikohunger. Das bedeutet, dass jeder Mensch die Eintrittswahrscheinlichkeit bestimmter Ereignisse, die als Gefahr wahrgenommen werden, anders einschätzt. Risikohunger

Getreu dem Motto „gebranntes Kind scheut das Feuer", werden wir dabei nicht nur von rationalen Überlegungen beeinflusst, sondern vor allem auch von unseren Erfahrungen. Dadurch hat die Beurteilung von Risiken immer auch mit unseren Ängsten zu tun, die noch seltener in der Öffentlichkeit preisgegeben werden, als unsere Prioritäten. Menschen sind in wenigen Dingen so stark von ihrem Bauchgefühl geprägt, wie bei ihren Ängsten. Häufig genug sind sie sich nicht einmal über ihre eigenen Ängste im Klaren und verspüren sie erst, wenn es schon zu spät ist. Ängste

Es kann also durchaus sein, dass man sich innerhalb des Teams auf ein Ziel geeinigt hat und man zum Beispiel ein gemeinsames Konfliktgespräch mit dem herrischen Teamleiter suchen will. Man ist sich auch einig ist über die Notwendigkeit, also die damit verbundene hohe Priorität. Und doch kann es sein, dass man im Teammeeting plötzlich die einzige ist, die das Wort ergreift, weil alle anderen plötzlich einen Rückzieher machen und lieber still sind – große Klappe nichts dahinter. Derartige Situationen können ziemlich unangenehm werden, wenn man sie zuvor nicht richtig einschätzt und ihren Ausgang gedanklich vorweg nimmt. Bungee-Sprung
Team-Meeting

3.1.5   Zusammenfassung

Warum ist das
so wichtig?

Wir haben uns auf den letzten Seiten mit vier wichtigen Dimensionen menschlichen Handelns und Unterlassens befasst: Zwänge, Ziele, Prioritäten und Risiken. Diese vier Dimensionen richtig einzuschätzen ist einer der wichtigsten Soft Skills, die in diesem Buch vorgestellt werden, da er sich auf alle weiteren Skills auswirkt und ihnen mehr Durchschlagskraft verleiht. Ob im direkten Gespräch, bei der Konzeptarbeit, bei Präsentationen oder in der Außendarstellung: Wenn Sie die Zwänge, Ziele, Prioritäten und Risiken der Menschen in Ihrer Umgebung besser wahrnehmen, werden Ihnen auch viele andere Dinge leichter fallen und Sie werden am Ende erfolgreicher durch Ihren Projektalltag gehen.

Grundlage
unserer
Überlegungen

Anhand dieser vier Problemfelder werden wir auch die Fallbeispiele in diesem Buch durchspielen, um uns der Frage zu widmen, wie man in der ein oder anderen Projektsituation zu Ergebnissen kommt, die alle Beteiligten zufriedenstellen.

Der Kunde
ist König

Als Freelancer werden Sie ja in den meisten Fällen nicht in ein Unternehmen geholt, um dort Ihre eigenen Ziele umzusetzen. Für Sie sind natürlich besonders die Ziele ihres Auftragsgebers entscheidend und mit welcher Priorität diese verfolgt werden sollen. Vollständig wird das Bild jedoch erst, wenn Sie neben den Zielen und den Prioritäten Ihres Auftragsgebers auch noch dessen Zwänge berücksichtigen und erkennen, welche Risiken ihn umtreiben.

Bevor wir uns allerdings mit König Kunde beschäftigen, wollen wir im nächsten Abschnitt noch einen Blick nach innen werfen und uns fragen, was uns selbst umtreibt und wovon wir als Freelancer in unserem Tun beeinflusst werden.

3.2   Blick nach innen

In diesem Abschnitt muss das Buch einen ziemlichen Spagat machen zwischen den erfahrenen Freelancern auf der einen Seite und denen, die sich unter Umständen erst am Anfang stehen. Aus beiden Perspektiven führt der Blick nach innen zu der Frage, warum man sich für die Selbstständigkeit entschieden hat oder sie in Zukunft anstrebt. Was bewegt uns?

Freiberufler stehen zunächst mal alleine da. Vom Business Plan, über die Akquise , bis hin zu Vertragsverhandlung und Abrechnung – Freelancer sind unabhängige Einzelunternehmen und man ist sich nicht nur sein eigener Chef, sondern auch sein eigener Packesel, das eigene Back-Office und die eigene IT-Abteilung. Auch wenn Freelancer aus diesem Blickwinkel von der Sache her eher Einzelkämpfertypen sind, muss das nicht ausschließen, dass sie auch gute Teamplayer sind. Im Gegenteil: gerade hier hat der ein oder andere Freelancer sein besonderes Talent. Warum also ordnen sie sich nicht dem beschützenden Mantel einer Festanstellung unter?

Letztendlich muss diese Frage jeder für sich selbst beantworten. Dieser Satz ist ganz wörtlich zu verstehen: Jeder muss diese Frage beantworten – man muss also zunächst einmal für sich selbst das nötige Maß an Sozialkompetenz aufbringen, bevor man sich mit den Soft Skills auseinandersetzt, mit denen man erfolgreicher durch Projekte kommt, als die Mitbewerber, die sich nur auf ihre fachliche Expertise stützen.

Für viele ist es ein wichtiger Beweggrund keinen Chef mehr haben zu wollen. Viele werden durch den Arbeitsmarkt in die Freiberuflichkeit gezwungen und wieder einige haben nie etwas anderes gemacht. Das scheinen wichtige, aber auch unterschiedliche Abholpunkte zu sein, wenn es darum geht, sich mit der eigenen Situation zu beschäftigen. Nicht zuletzt hilft es auch, sich mit der Situation der anderen Freelancer auseinanderzusetzen, mit denen man im Projektumfeld in Berührung kommt. Unter den bereits bekannten Stichworten Zwänge, Ziele, Prioritäten und Risiken gelten auch hier für jede Person andere Rahmenbedingungen.

Diese Betrachtung ist ebenfalls wichtig, um die Frage zu beantworten, welche Soft Skills Unternehmen von Freelancern fordern. Weil auch Unternehmen einen anderen Blick auf Freelancer haben, als auf normale Mitarbeiter. Wir unterscheiden im Folgenden zwei Arten von Freelancern: Die, die sich aus eigenen Stücken von Chef und Firma trennen wollen und die, von denen sich die Firma verabschiedet hat. Danach finden Freelancer und Unternehmen aber häufig wieder zusammen – wenn auch in anderer Konstellation. Häufig wird nur die vertragliche Grundlage für ein und dieselbe Aufgabe gewechselt und schon macht Freude, was vorher noch Last war. Man bekommt Lob für eine Arbeit, bei der man vorher noch Ärger mit dem Chef befürchtet hatte. Nicht selten wechseln Freelancer nicht einmal die Aufgabe – einzig die vertraglichen Rahmenbedingungen ändern sich. Was gestern noch die Arbeit eines Festangestellten war, kann morgen schon die Arbeit eines Freelancers sein. Also nicht nur die Freelancer ändern die Sicht auf die Dinge – auch die Unternehmen tun das.

3.2.1   Zum Beispiel: Chef ade!

Fallbeispiel 3:
Chef ade

> *Petra hat ihre Karriere nicht als Freelancer angefangen. Es ist einige Jahre her, als sie den Schritt in die Selbstständigkeit wagte. Sie arbeitete damals in einem Team, das mit ständiger Überlastung zurecht kommen musste. Von zehn Stellen war nur acht besetzt, zwei waren mit Burnout langzeitkrank. Der Chef konnte weder mit der Situation an sich umgehen, noch den nötigen Druck nach oben aufbauen, um für Abhilfe zu sorgen. Wenn sie ihre Überstunden aufschrieb, bekam sie Ärger mit dem Betriebsrat, wenn die Arbeit liegen blieb, bekam sie Ärger von ihren Chef: „Du kannst uns doch in dieser Situation nicht hängen lassen und auf Deinen Arbeitsvertrag pochen."*
>
> *Die Arbeit schließlich blieb weitestgehend an vier Mitarbeitern hängen, während die anderen beiden ihren Schwerpunkt darauf legten, die Sozialleistungen und Fortbildungsmöglichkeiten des Unternehmens auszuschöpfen: Bildungsurlaub, Rhetorik-Seminar und Seminare zum Umgang mit Stress standen da eher im Fokus, als die zu erreichenden Team-Ziele.*
>
> *Irgendwann sagte Petra Ade zu Chef und Team:*
>
> *„Wenn ich ohnehin rund um die Uhr arbeiten muss und dafür da bin krankheitsbedingte Ausfälle zu kompensieren, dann kann ich mich auch gleich selbstständig machen und als Freelancer anfangen. Als Freelancer lebe ich ja in gewisser Weise davon, dass auf anderen Schreibtischen die Arbeit liegen bleibt."*

Generation
Burnout

Wir leben in einer Zeit, in der die berufliche Belastung für viele ein Maß angenommen hat, das für den einzelnen nicht mehr zu verkraften ist. Rund 45 % der Projektmitarbeiter in deutschen Unternehmen erhalten laut eigener Wahrnehmung keine klaren

Zielvorgaben. 33 % gehen regelmäßig an die eigenen Grenzen der Leistungsfähigkeit und immerhin ein Viertel der Befragten fühlen sich von ihren Vorgesetzten nicht ausreichend wertgeschätzt [6]. Der Anteil der Krankschreibungsfälle auf Grund von Burnouts hat sich seit 2004 in nur sieben Jahren verachtfacht [7].

Abbildung 4: Jetzt bin ich der Chef!

Viele Freelancer gehen den Schritt in die Selbstständigkeit, um keinen Chef mehr zu haben. Das Gefühl in der permanenten Abhängigkeit von Linienvorgesetzten festzustecken ist irgendwann so stark, dass sie ihr Schicksal in die Hand nehmen und sich auf die eigenen Füße stellen. Oft genug treten sie dabei in direkte Konkurrenz zu ihrem bisherigen Unternehmen.

Chef ade

Man muss ja nach der Kündigung nicht plötzlich alle Telefonnummer vergessen. Natürlich hat man sich auch Klarheit darüber verschafft, zu welchem Preis das Unternehmen die eigene Arbeit am Markt anbietet. Abzüglich des 7er BMW für den Geschäftsführer, abzüglich Glaspalast mit Firmenlogo auf dem Dach, abzüglich Bürokratie entsteht so der Preis, mit dem man am Markt auftreten kann, wenn man sich von der Firma trennt, deren Korsett man als zu eng empfunden hat.

Wettbewerbsvorteil

Der Schritt in die Selbstständigkeit ist daher für viele das Ergebnis der Auseinandersetzung mit den eigenen Zwängen, Zielen, Prioritäten und Risiken. Wenn wir also vereinfacht sagen, dass sich ein fest angestellter Mitarbeiter nur durch die Vertragsform von einem Freelancer unterscheidet, kommt nicht ausreichend zum Ausdruck, welche Auswirkungen das auf der menschlichen Ebene hat.

Menschliche Komponente

Chef ist ungleich Auftraggeber

Unter Umständen kann das, in einem sonst komplett unveränderten Umfeld, erheblich Auswirkungen auf die Zusammenarbeit mit Kollegen, Vorgesetzten bzw. Auftraggebern und anderen Beteiligten haben. Es ist eben ein Unterschied, ob man seinem Chef in Form eines Unterstellungsverhältnisses entgegentritt oder als eigener Chef von Auftragnehmer zu Auftraggeber spricht und in diesem Gespräch weitestgehend weisungsfrei ist. Natürlich kann man auch mit seinem Kunden nicht umgehen, wie man will, wenn man ihn nicht verlieren möchte, aber in vielen Punkten wird das Verhältnis entspannter.

3.2.2   Zum Beispiel: Mitarbeiter ade!

Nicht immer freiwillig

Neben Freiberuflern, die sich bewusst für die Freiberuflichkeit entscheiden, gibt es jedoch auch viele, die diesen Schritt nicht ganz freiwillig gehen. Viele werden Schlicht durch die aktuelle Arbeitsmarktsituation in die Freiberuflichkeit gezwungen. Von den Freiberuflern, die diese Entscheidung selbstständig getroffen haben, unterscheiden sie sich vor allem durch eines: Die einen agieren, während die anderen reagieren.

Fallbeispiel 4: Mitarbeiter ade

> *Bei Frank sah der Schritt in die Selbstständigkeit etwas anders aus. Während sich Petra bewusst von ihrem Unternehmen und von ihrem aufbrausenden Chef trennte, wäre Frank gerne weiter geblieben. Im Rahmen einer groß angelegten Rationalisierung wurde seine Stelle allerdings gestrichen.*
>
> *Aufgrund seiner speziellen fachlichen Fertigkeiten hatte Frank jedoch Glück, konnte sich selbstständig machen und wurde direkt im Anschluss an seine Entlassung als Freiberufler beauftragt, die gleiche Tätigkeit wie zuvor auszuführen.*

Sozialkompetenz nach innen

Es ist wichtig, für sich selbst Klarheit zu erzielen, wo man steht. Hat man den Schritt in die Selbstständigkeit bewusst getan oder wurde man in diese Schiene gedrängt. Die unterschiedliche Ausgangssituation begrenzt oder erweitert die Handlungsmöglichkeiten, die der Einzelne hat.

Wer nicht weiß, wo er steht, dem wird es üblicherweise schwerfallen, für sich und seine Zukunft die richtige Richtung zu bestimmen. An dieser Stelle geht es also vor allem darum, soziale

Kompetenz für sich selbst zu entwickeln. Erst danach lohnt es sich Zeit darauf zu verwenden, den Standpunkt des Auftraggebers zu bestimmen.

3.2.3   Tatsächlich nur Vertragsunterschiede?

Stellen wir uns also die Frage, ob man als Freelancer tatsächlich nur ein anderes Vertragsverhältnis hat, oder ob es nicht doch auch weitere Unterschiede gibt. Geht es wirklich nur um den äußeren Rahmen oder verändert sich dadurch nicht auch die innere Verortung? Warum stellen Unternehmen Freelancer ein? Geht es nur um den Ausgleich kurzfristiger Belastungsspitzen? Wo kommen dann die vielen Freelancer her, die seit Jahren in einem Projekt tätig sind? Es sind nicht die Abweichungen in den Formalitäten, die den Unterschied machen – es sind deren Auswirkungen auf die Zwänge, Ziele Prioritäten und Risiken jedes Einzelnen.

Die Auswirkungen machen den Unterschied

Man kann sich in der Beurteilung der Situation als Freelancer natürlich auch auf die harten Fakten stützen. Dann würde man Themen wie Kündigungsschutz, Arbeitszeiten, Weisungsbefugnis und Flexibilität adressieren und sie so auslegen, wie sie im Vertrag festgelegt sind. In den seltensten Fällen werden Sie jedoch im Vertrag nachlesen können, wie das zwischenmenschliche Zusammenspiel aussieht und worauf dabei zu achten ist.

Hard Skills?

Unternehmen haben gegenüber ihren Mitarbeitern andere Zwänge als gegenüber ihren Freelancern und Freelancer unterliegen anderen Zwängen als Mitarbeiter. Das gleiche gilt für deren Ziele, Prioritäten und Risiken. Diese Abweichungen machen den tatsächlichen Unterschied aus, der sich insbesondere auf das zwischenmenschliche Zusammenspiel auswirkt und damit auch bestimmt, welche Soft Skills von Freelancern erwartet werden.

Sicht des Unternehmens

3.2.4   Zusammenfassung

Wir haben in diesem Abschnitt ein Schlaglicht auf zwei Möglichkeiten geworfen wie man zum Freelancer wird und haben versucht daraus abzuleiten, welche generischen Auswirkungen das auf der zwischenmenschlichen Ebene hat. Die individuellen Gründe für die Entscheidung zur Selbstständigkeit sind mannigfaltig und können beim Einzelnen vollständig von den bisher

Individuelle Unterschiede

gemachten Aussagen abweichen. Wie bereits eingangs gesagt sollte sich jeder ganz persönlich vor Augen führen, welche Motive ihn bei der Entscheidung zur Selbstständigkeit bewegt haben und welche Auswirkungen das auf die eigenen Zwänge, Ziele, Prioritäten und Risiken hat. Was für den einen der Schritt in die Freiheit ist und das Lösen von äußeren Zwängen bedeutet, kann für den anderen ein risikoreicheres Verbleiben in den gleichen Zwängen darstellen.

**Standort-
bestimmung**

Bevor wir uns also mit Zwängen, Zielen, Prioritäten und Risiken von anderen auseinandersetzen, ist es unumgänglich das eigene Handeln anhand dieser Dimensionen in Form einer Standortbestimmung zu verorten. Machen Sie sich in einer ruhigen Stunde einmal Gedanken darüber, wie es bei Ihnen war. Was hat sich für Sie verändert? Wie unterscheiden sich die vier genannten Dimensionen von Ihnen zu denen der fest angestellten Kollegen bei Ihren Kunden? Wagen Sie den Blick nach innen und lassen Sie und dann gemeinsam weiter die wichtigsten Soft Skills für Freelancer erarbeiten.

4 Psychologische Werkzeuge

„Der Psychologe muss Mechaniker sein – vor, während und nach dem Gespräch."
-- Walter Fürst, Schweizer Aphoristiker

Egal wie man es angeht, wenn man sich mit dem Thema Soft Skills auseinandersetzen möchte, kommt man nicht umhin, sich eine solide Basis psychologischer Grundlagen anzueignen – sozusagen unser Handwerkszeug in den nächsten Kapiteln. In Kapitel 4 werden wir einige dieser Werkzeuge kennenlernen. Auch bei noch so weit gefasster Definition stehen Sozialkompetenzen im Vordergrund und Sozialkompetenzen werden in der Psychologie als eine personale Voraussetzung zur Gestaltung von Kommunikationsprozessen in sozialen Beziehungen verstanden.[2]

---

[2] Stangl, Werner (2001). Der Begriff der sozialen Kompetenz in der psychologischen Literatur, p@psych e-zine 3. Jg., 02.12.2014

Kein Anspruch auf Vollständigkeit

Die Auswahl der vorgestellten Werkzeuge erhebt keinen Anspruch auf Vollständigkeit. Es handelt sich um psychologische Grundlagen, die mir in meiner beruflichen Praxis weitergeholfen haben und auch in meinen bisherigen Büchern Beachtung fanden.

Weitere Einstimmung

Dieses Kapitel dient darüber hinaus als weitere Einstimmung auf das Thema Soft Skills. So bewegen wir uns inhaltlich Stück für Stück weg von unseren theoretischen, technischen und praktischen Kenntnisse und Fertigkeiten in der IT, hin zu den Dingen, die unsere Qualifikationen im Zusammenspiel mit anderen Personen erfolgreich und effizient zur Geltung bringen.

Das innere Team

Als Freelancer ist man sein eigener Chef, sein eigener Mitarbeiter, Einkauf und Vertrieb – alles in einer Person. Das alles unter einen Hut zu bekommen, ist nicht leicht. In der Psychologie spricht man vom inneren Team, mit dem wir uns zu Beginn dieses Kapitels auseinandersetzen werden.

Kommunikative Teufelskreise

Wir werden uns damit auseinandersetzen, wie Personen in kommunikativen Teufelskreisen festhängen können, wie ein altes Ehepaar, und Auswege aus dieser Situation aufzeigen.

Vier Münder, vier Ohren

Um ein besseres Verständnis von Kommunikation insgesamt zu erzielen, werden wir ein Kommunikationsmodell betrachten, in dem jede Nachricht von vier Mündern gesprochen und von vier Ohren gehört wird. Demnach enthält jede Nachricht einen Sachinhalt, einen Appell, sagt etwas über die Beziehung zwischen den Kommunikationspartnern aus und offenbart schließlich auch einiges über den Sender einer Nachricht selbst. Was für den Sender zutrifft, gilt auch für den Empfänger, der jede Nachricht mit vier entsprechenden Ohren gehört.

Soft Skills im Gleichgewicht

Wir werden uns die Frage stellen, ob man Soft Skills besser auf einer linearen Skala bewertet, oder ob es besser ist, sie in gegenseitigem Gleichgewicht zu begreifen.

Verhaltenskreuz und Normenkreuz

Anhand des Verhaltenskreuzes werden wir uns damit auseinandersetzen, wie wir bei unseren Auftraggebern am besten auftreten und anhand des Normenkreuzes werden wir besser verstehen, wie wir wahrgenommen werden, bevor wir am Ende des vor uns liegenden Kapitels eine kleine Zusammenfassung anschließen.

4.1   Das innere Team

Petras Laptop hat Aussetzer – es ist nicht mehr das Neueste. „Da muss was Neues her", sagt sie sich (Mitarbeiterin).

Sie konfiguriert sich ihren Wunschlaptop: 4500 €. (Einkauf)

Nachdem sie eine Nacht über die Neuanschaffung geschlafen hat, sagt sie: „Zu teuer – abgelehnt. Nur zum Angeben wird nicht so viel Geld ausgegeben." (Finanzen)

Zwei Tage später fällt der Laptop beinahe bei einer Kundenpräsentation aus. Petra erschreckt sich gehörig und befürchtet einen drohenden Imageschaden. (Marketing und Risk)

Sie konfiguriert noch einmal und nimmt jedes Feature genau unter die Lupe – was muss sein und was nicht: 3900 €. (Mitarbeiter vs. Einkauf)

„Das ist immer noch viel zu teuer." (Finanzen)

„Arbeitest Du auch manchmal noch was, oder konfigurierst du nur teure Laptops", fragt sie sich nach drei Stunden vorm Konfigurator im Webshop. (Management)

„Ich werde noch ein paar Tage darüber nachdenken und mich zwischenzeitlich mit Alternativen beschäftigen", sagt sie sich und geht wieder an die Arbeit. (Geschäftsführung)

Es vergehen vier Wochen. Plötzlich fällt bei einer Präsentation beim Kunden dann tatsächlich der Laptop aus und das Meeting ist gelaufen. „Warum hab ich eigentlich immer noch so ein altes Mistding?" (Mitarbeiterin)

„Warum wurde da nichts Ordentliches beschafft? Nur Amateure am Werk", schimpft sie sich selbst. (Geschäftsführung)

„Ich hätte halt mal nicht nur rumkonfigurieren sollen, sondern eine Entscheidung treffen müssen." (Management)

„Jede Menge Zeit vertrödelt, beim Kunden lächerlich gemacht und der Laptop ist immer noch genau so teuer wie vorher und das Altgerät lässt sich jetzt nicht mehr verkaufen. Glanzleistung des IT-Managements! Gut, dass wir damit nicht unser Geld verdienen." (Mitarbeiterin)

Abbildung 5:
Alle unter
einem Hut

Alles unter
einem Hut

Auch in diesem Kapitel wollen wir zunächst mit uns selbst anfangen, und uns damit Beschäftigen, welche Kommunikationsprozesse und soziale Beziehungen in uns selbst stattfinden.

Umfangreiches
Rollenrepertoir

Unsere unterschiedlichsten Aufgaben als Unternehmer und Dienstleister erfordern ein umfangreiches Rollenrepertoire. Je nach Situation muss man als Freelancer mal der fordernde Mitarbeiter sein, mal als der besonnene Geschäftsführer auftreten und ein andermal als Finanzchef den Erbsenzähler geben. Diese unterschiedlichen Rollen bilden unser inneres Team [8].

Als Freelancer ist man also nicht nur als

⇒ **Fachexperte** gefragt, der sein Handwerk versteht, sondern auch als

⇒ **Geschäftsführer**, der die Verantwortung für sein kleines Unternehmen trägt und voll haftet, als

⇒ **Einkaufsleiter**, in der Beschaffung die Spreu vom Weizen trennt, als

⇒ **Vertriebsleiter**, der die eigene Fachexpertise am Markt anbietet und für ausreichend Kunden sorgt, als

⇒ **Marketingleiter**, der sich um die Außendarstellung kümmert und das kleine Unternehmen ins rechte Licht rückt, als

⇒ **Finanzchef**, der den Überblick über Einnahmen und Ausgaben behält, als

⇒ besonnener **Risikomanager**, der Gefahren rechtzeitig erkennt, als

⇒ eigener **Coach**, der sich selbst beobachtet und schult und natürlich auch als

⇒ wertvolles **Team-Mitglied** für den Kunden.

Durch diese unterschiedlichen Rollen, die unser inneres Team bestimmen, wohnen mehrere Seelen in unserer Brust, die sich je nach Sachverhalt mal lauter und mal leiser zu Wort melden und sich häufig genug uneinig sind, wer die Oberhand gewinnen sollte. Von einem inneren Team können wir also eigentlich erst Sprechen, nachdem wir die verschiedenen Rollen ausreichend miteinander synchronisiert haben. Liegen die inneren Stimmen nämlich im Streit, kann das im besten Falle lästig sein, im schlechtesten Fall allerdings einer Verhaltenslähmung gleichkommen.

Mehrere Seelen in unserer Brust

Als Freelancer geht es also nicht nur darum, sich in den Teams seiner Kunden gut zu positionieren. Die Aufgabe besteht auch darin, dass innere Team in sich selbst zu organisieren. Nur so wird man in den Teams des Kunden auch als eine Person greifbar. Wenn man immer wieder andere innere Rollen nach außen zu Wort kommen lässt, wird man als wechselhaft oder gar unverlässlich wahrgenommen werden. Am einen Tag sagt der Vertriebler in der Brust alles Mögliche zu, was der innere Geschäftsführer zwei Tage später wieder einkassiert und der innere Mitarbeiter ausbaden muss. Auf diese Weise landet man schnell in der gleichen Mühle, der man durch die Selbstständigkeit zu entkommen versucht hat.

Zwei wichtige Teams

Die Auseinandersetzung mit den Meinungen im inneren Team soll in zwiespältigen Situationen dabei helfen über eine Selbstklärung zu einer klaren und authentischen Außenkommunikation zu kommen. Hierzu muss man eine innere Teamleitung bestimmen. Diese muss die losen Fäden zusammenführen und nur sie hat das Recht nach außen zu kommunizieren. Diese Rolle ist in vielfältiger Hinsicht mit einer echten Teamleitung zu vergleichen. Es gehört beispielsweise zur Rolle der inneren Teamleitung, das innere Konfliktmanagement zu steuern und bei der Ausgrenzung von Teammitgliedern einzugreifen.

Innere Teamleitung

Hierzu sollte man in schwierigen Entscheidungssituationen mit sich selbst zu Rate sitzen und eine innere Teamsitzung veranstalten. Was sich zunächst gekünstelt anhört, ist die Voraussetzung dafür, dass innere Konflikte bewusst werden und man auch zweifelnde oder kontroverse Stimmen zu Wort kommen lässt, die in einer spontanen Entscheidungen nicht eingebunden wären.

Innere Teamsitzung

Dieses Vorgehen führt dazu, dass man die innere Pluralität akzeptiert und ein späteres Unwohlsein bezüglich getroffener Entscheidungen verhindert.

Höhere Selbstzufriedenheit

4.2 Kommunikative Teufelskreise

Die Chemie

Auch nach außen sind wir mit uns häufig nicht einer Meinung. Es gibt einfach Menschen, bei denen wir anders reagieren, als bei anderen. Es gibt Menschen, die uns zu der ein oder anderen Verhaltensweise herausfordern und uns in ein kommunikatives Korsett drücken, aus dem es scheinbar keinen Ausweg gibt.

Fallbeispiel 6:
Frank und Jeff
im Teufelskreis

„Ich weiß auch nicht, was ich mit Jeff habe. Als Forschungsleiter komme ich ja nicht an ihm vorbei, aber der Typ macht mich mit seiner Ahnungslosigkeit in IT-Fragen einfach verrückt. Ich bin ja sonst gar nicht so ungeduldig", sagt Frank zu Petra, nachdem Jeff in einem Meeting angeraunzt hat, dass man auch als Forschungsleiter in der Pharmabranche Begriffe wie WAN-Verbindung und IP-Adresse kennen sollte.

Als Petra etwas später das informelle Gespräch mit Jeff sucht, teilt er ihr im Vertrauen mit: „Tut mir leid, ich komme mit Frank einfach nicht zurecht. Klar weiß ich, was eine WAN-Verbindung ist. Der provoziert mich einfach durch seine Art. Tut immer als wäre er der Technik-Gott. Dann stelle ich mich mit Absicht doof. Bei dem will ich einfach nichts verstehen."

Watzlawicks
Teufelskreis

Die beiden schaukeln sich gegenseitig hoch und es scheint keinen Ausweg zu geben. Paul Watzlawick hat uns diesen Teufelskreis am Beispiel eines Ehepaars dargestellt[3]: Sie nörgelt an ihm herum, weil er sich abends immer zurückzieht. Oder zieht er sich zurück, weil sie immer nur nörgelt? Wie herum war das nun eigentlich?

Ein solcher Konflikt hatte natürlich immer irgendwo seinen Ursprung. Mal ist dieser länger her und mal kürzer. Wenn der Konflikt noch jung ist, kann man das zugrunde liegende Missverständnis unter Umständen schnell aus der Welt schaffen. Liegt der Ursprung länger zurück, kann das durchaus schwer oder sogar unmöglich werden. Friedemann Schulz von Thun unterscheidet

---

3   Watzlawick, P., Beavin, J.H., Jackson, D.J.: Menschliche Kommunikation – Formen, Störungen Paradoxien. Hans Huber Verlag, Bern, 4. Auflage (1974)

vier Stationen eines solchen zwischenmenschlichen Teufelskreises[4],
die wir nun anhand des vorhergehenden Fallbeispiels durchspielen wollen. Wir betrachten dabei nicht nur die Äußerungen und
Verhaltensweisen der Kontrahenten, sondern auch ihre Gedanken,
Gefühle und Impulse:

> ⇒ Frank fühlt sich durch die ignorante und naive Art von Jeff
>   in seiner Rolle als Dienstleister nicht ernst genommen: „Ich
>   habe das Gefühl gehabt, der will mich veräppeln mit sei-
>   nem ahnungslosen Gefrage. Da hatte ich das Gefühl, je-
>   mand muss ihm das mal sagen."
>
> ⇒ Entsprechend seiner Gedanken, Gefühle und Impulse
>   verhält er sich: überheblich und abweisend. Die Bezie-
>   hungsbotschaft lautet: „Ich bin hier der Fachmann und sie
>   dürfen meine Konzepte sowieso nicht in Frage stellen."
>
> ⇒ Jeff fühlt sich dadurch natürlich in seiner Rolle als For-
>   schungsleiter nicht respektiert und auch als Mensch her-
>   abgesetzt. Franks Auftritt als Technik-Guru untermauert
>   das Bild vom arroganten „Externen".
>
> ⇒ Dementsprechend stellt Jeff extra auf stur und boykottiert
>   Franks Vortrag: „So braucht der mir nicht zu kommen.
>   Dem mache ich das Leben schon noch ordentlich schwer."

Entsprechend fühlt sich Frank nicht ernst genommen, und der
Teufelskreis schließt sich.

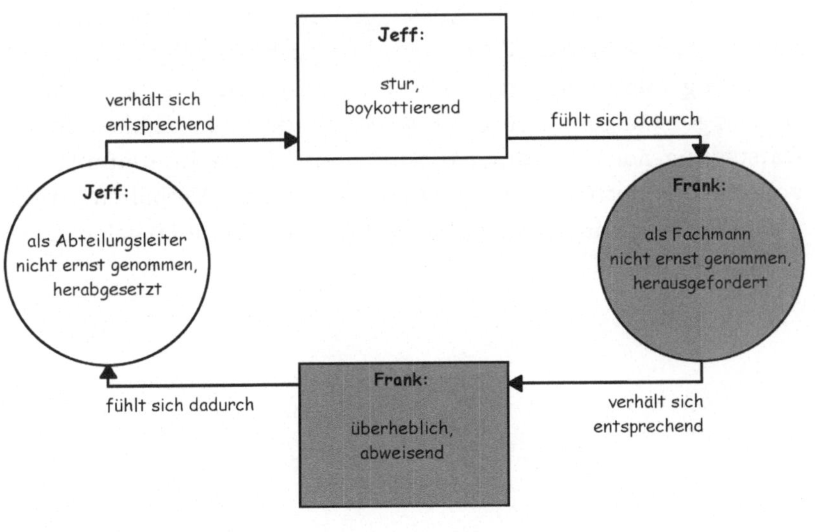

Abbildung 6:
Frank und Jeff
im Teufelskreis
(nach [8],
Seite 43)

---

4   [8], Seite 42 ff

Frank und Jeff werden aus ihrem Verhalten nur schwer herausfinden, auch wenn es objektiv betrachtet nicht sehr erwachsen scheint. Es gibt jedoch einige Überlegungen, die dabei helfen, den Teufelskreis aufzubrechen:

1.
Kreislauf erkennen

Eine wichtige erste Erkenntnis ist es, den Konflikt nicht als gegeben hinzunehmen (Jeff/Frank ist halt so). Die Situation ist vielmehr als Kreislauf zu erkennen, der sich verstärken kann und beide in die negative Beziehungssituation gleichermaßen einbindet.

2.
Vom Täter zum Gestalter

Weiterhin hilft es, sich darüber klar zu werden, dass man nicht nur passives Opfer, sondern auch aktiver Täter ist. Man kann ebenso vom Täter zum Gestalter werden, indem man der beim Gegenüber erkannten Position die Grundlage entzieht.

3.
Reframing

Als weiterer, vielversprechender Ansatz kommt das Reframing in Betracht, bei dem man versucht, die Wahrnehmung des Gegenübers anders und vor allem wohlwollender zu deuten. So könnte Frank versuchen, das viele Nachfragen als Interesse und Test verstehen, ob der Externe auch weiß, wovon er redet, um Schaden vom Unternehmen abzuwenden. Im Gegenzug könnte Jeff versuchen, das vermeintlich überhebliche Verhalten als professionelle Distanz umdeuten. Dadurch werden ganz nebenbei die eigenen Gefühle umgedeutet, was einen Ausstieg aus dem Teufelskreis ermöglichen kann.

4.
Meta-Gespräch

Während die ersten drei „Ausstiegs-Varianten" alleine durchgesetzt werden können, gibt es natürlich auch die Möglichkeit, den Konflikt gemeinsam anzugehen und darüber zu sprechen, warum sie sich gezwungen fühlen, sich so oder anders zu verhalten. In der Darstellung aus Abbildung 6 wird dadurch die Kommunikation von der Senkrechten (zwischen den Rechtecken/Verhalten) in die waagerechte Richtung (zwischen den Kreisen/Gefühle) gelenkt.

4.3 Das Kommunikationsquadrat

Viele Quellen befassen sich mit dem Thema Kommunikation. Amazon liefert im November 2014 in einer Suchanfrage nach dem Begriff Kommunikation 4,6 Mio. Suchergebnisse in der Kategorie Bücher. Wer wollte diese Quellen alle studieren? Manche Autoren haben es jedoch geschafft, aus dieser Vielzahl hervorzustechen. Friedmann Schulz von Thun gehört ohne Zweifel dazu.

Er beschreibt in seinem Kommunikationsmodell vier Problem-gruppen der menschlichen Kommunikation, die es zu beachten gilt. Mit seiner Einfachheit und seinem pragmatischen Ansatz ist dieses Modell gut geeignet, sich dem Thema Risikokommunikati-on zu nähern. Demnach hat jede Nachricht vier Seiten:

Problemgruppen menschlicher Kommunikation

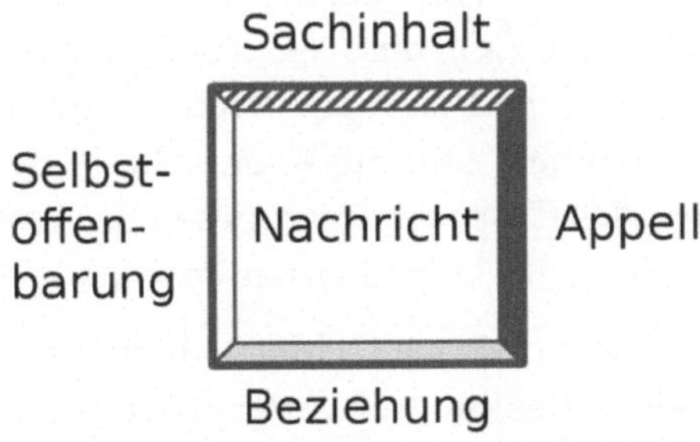

Abbildung 7: Modell zwischen-menschlicher Kommunikation (nach [9])

Die einfachste Seite einer Nachricht ist der Sachinhalt. Dabei handelt es sich um grundsätzlich nachprüfbare Informationen zu einem Thema. Zum Beispiel: *„Von der ExAmple AG wurden letztes Jahr 400 Freelancer beauftragt"*, oder: *„Damon ist Forschungsleiter der ExAmple AG."* Dieser Aspekt spiegelt jedoch nur einen Teil einer Nachricht.

Sachaspekt

Nachrichten enthalten immer auch Informationen über den Sender. Das lässt sich nicht vermeiden, selbst wenn die Nachricht noch so sachlich vorgebracht wird. So erfahren wir in den beiden Beispielsätzen, dass der Sender deutschsprachig ist, die ExAmple AG kennt, über deren Interna informiert ist und so weiter. Dabei wurde der Begriff Selbstoffenbarung von Schulz von Thun mit Bedacht gewählt. Schließlich kann dieser Teil der Nachricht *selbstdarstellend* oder *selbstenthüllend* sein. Dieser Teil der Nachricht ist sehr problematisch, weil er sich eben nicht vermeiden lässt und meist unbeachtet gesendet wird. Fast von selbst

Selbstoffenba-rungsaspekt

entstehen so Momente der Selbsterhöhung und der Selbstverbergung, derer man sich nicht sofort bewusst ist.

Beziehungs-aspekt

Neben diesem Aspekt, der sich nur auf den Sender bezieht, gibt es einen weiteren wichtigen Aspekt: Der Beziehungsaspekt einer Nachricht enthält Informationen dazu, wie Sender und Empfänger einer Nachricht zueinander stehen. So kann aus dem Satz *„Von der ExAmple AG wurden letztes Jahr 400 Freelancer beauftragt"* auch der folgende Satz werden, ohne dass sich der Sachinhalt ändert: *„ExAmple hatte letztes Jahr 400 Externe am Start."* Sender und Empfänger scheinen hier ein informelleres Verhältnis zueinander zu haben.

So kann eine Aussage grundsätzlich Zustimmung hervorrufen, aber wegen der enthaltenen Beziehungsbotschaft auf Ablehnung stoßen. Stellen Sie sich vor, der Freelancer Frank, sagt dem Vorstand der ExAmple AG, dass er *„völlig ahnungslos"* sei und *„bereits mit einem Bein bereits im Knast"* stehe. Nun: selbst wenn der vorgebrachte Sachverhalt stimmt – auf diese Art werden die beiden kein sinnvolles Gespräch über diesen Sachverhalt zustande bekommen. Der Chef wird sich in seiner Position bedroht sehen.

Appellaspekt

Die letzte der vier Seiten spricht schließlich an, was die Nachricht auslösen soll, welche Reaktion erwartet wird. Sollen im nächsten Jahr mehr oder weniger Freelancer beschäftigt werden? Sie meinen das läge doch auf der Hand: Natürlich mehr! So einfach ist es aber nicht. Sie denken vielleicht an den Leiter des Einkaufs der ExAmple AG. Wie verändert sich der Appellaspekt des Satzes, wenn der Sender der Nachricht nicht ein Freelancer ist, sondern der Leiter des Einkaufs oder der Betriebsrat? Überlegen Sie selbst.

Täter und Opfer

Die Nachricht kommt in der Kommunikation also eine zentrale Bedeutung zu – allerdings nicht die einzige. Wie wir gesehen haben wird die Nachricht in allen vier Aspekten entscheidend dadurch beeinflusst, wer mit wem kommuniziert. Sender und Empfänger gehören also zu jeder Nachricht dazu. Die Nachricht kann nicht *„an sich"* bewertet werden. Es gibt immer jemanden der die Nachricht sendet und einen, der sie empfängt. Meistens kann sich der Empfänger dabei nicht wehren. Es besteht also in gewisser Weise eine Täter-Opfer-Beziehung.

Sender

Der Empfänger ist Initiator der Nachricht. Er hat sich entschieden, dass etwas kommuniziert werden muss und übernimmt damit den aktiven Part. Nur der Sender, kann die Aussage selbst beeinflussen und damit alle vier Aspekte der Nachricht gezielt und vorbereitet beeinflussen.

Der Empfänger einer Nachricht ist in den meisten Fällen in einer passiven Rolle. Sein Einfluss auf die vier Seiten einer Nachricht ist deutlich geringer. Der größte Unterschied ist jedoch, dass man sich auf das Empfangen einer Nachricht deutlich schlechter vorbereiten kann. Das gelingt meist nur in routinierten Kommunikationssituationen.   *Empfänger*

Denken Sie zum Beispiel an Ihre Schulzeit zurück: Am Tag der Zeugnisvergabe rechnen vorbereitete Eltern und Schüler mit dem Schlimmsten. Das Empfangen der Nachricht fällt dann leichter. Wenn die Nachricht von der *„Ehrenrunde"* die Empfänger unvorbereitet trifft, strotzt die Nachricht neben dem Sachinhalt nur so vor Selbstoffenbarung, Beziehungsaussagen und Appellen – mit den bekannten Problemen. Letztlich hatte es der Sender in diesem Fall versäumt, die Empfänger auf die Nachricht vorzubereiten.

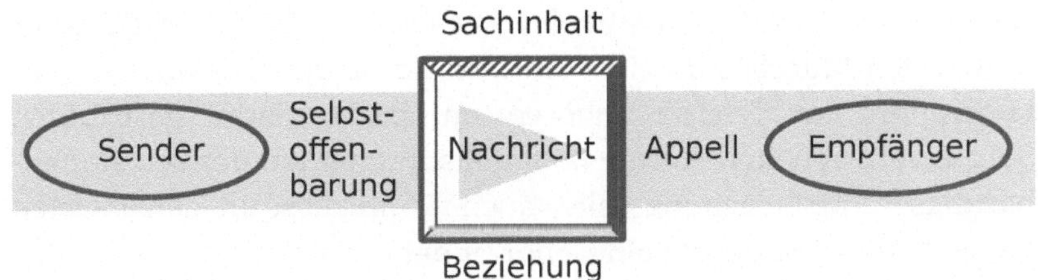

Abbildung 8: Sender, Nachricht, Empfänger (nach [9])

Falls man vor der Aufgabe steht ein Kommunikationskonzept zu entwerfen, dann sind die bisherigen Erkenntnisse durchweg positiv zu bewerten, da man die meisten Dinge selbst in der Hand hat und sich daher vorbereiten kann. Bevor wir uns damit genauer befassen, wollen wir einen weiteren wichtigen Aspekt der Kommunikation betrachten.

Die triviale Erkenntnis, die dieser Betrachtung vorausgeht ist, dass Kommunikation immer in zwei Richtungen stattfinden kann. Man ist nie nur Sender oder nur Empfänger. Daher ist es auch besonders wichtig, nicht nur mit einem Ohr zuzuhören – dazu reichen nicht einmal beide Ohren.   *Zwei Richtungen*

Nachdem eine Nachricht vier Seiten hat, ergibt sich fast von selbst, dass man als vorbereiteter Empfänger einer Nachricht mit vier Ohren zuhören muss.   *Die vier Ohren*

„Wie ist der Sachverhalt zu verstehen?"

Sach-Ohr

Wer mit dem Sach-Ohr zuhört, konzentriert sich auf die Sachseite einer Nachricht. Vor allem Männer und Akademiker neigen dazu, hier ihren Schwerpunkt zu setzen, ohne darüber nachzudenken, was ihnen dabei mit den anderen drei Ohren entgeht.

„Wie redet der eigentlich mit mir?
Wen glaubt er vor sich zu haben?"

Beziehungs-Ohr

Diese Fragen stellt man sich, wenn man den Schwerpunkt auf das Beziehungs-Ohr legt. Manch einer tut das so intensiv, dass Sachthemen, Appelle oder gar Selbstoffenbarungen völlig untergehen. Das Beziehungs-Ohr neigt zu Überempfindlichkeit, nimmt alles persönlich und fühlt sich schnell beschuldigt.

„Was ist das für einer? Was ist mit ihm?"

Selbstoffenba-
rungs-Ohr

Für das innere Gleichgewicht ist das Selbstoffenbarungs-Ohr da schon hilfreicher. Es hilft dabei, auf der Beziehungsseite der Nachricht enthaltene Anteile in den richtigen Zusammenhang zu stellen. Für IT-Profis ein alltägliches Geschäft: Wenn der PC eines gestressten Mitarbeiters nicht läuft, ist das Geringste, was sich der IT-Support am Telefon anhören muss, der Sache geschuldet. Solche verzweifelten Anrufe laufen fast immer auf der Selbstoffenbarungs- und Beziehungsseite, auch wenn diese in den meisten Fällen beim IT-Support kein Gehör findet.

„Was soll ich auf Grund seiner Nachricht tun?"

Appell-Ohr

Auch das Appell-Ohr spielt eine wichtige Rolle, wenn man nur richtig hinhört. Richtig hinhören heißt in diesem Fall, dass man den Appell verstehen muss, der gesendet wird und nicht den, den man gerne hören würde. Manch einer neigt dazu, auf der Appellseite das Gras wachsen zu hören und meint sogar Appelle zu hören, wo wirklich keine zu vernehmen sind. Jeder Hinweis muss aufgenommen und unverzüglich in Aktion umgesetzt werden – das kann natürlich schnell zu Problemen führen.

Täter und
Opfer?

Nachdem wir nun neben den vier Aspekten einer Nachricht auch die vier Möglichkeiten kennen eine Nachricht zu hören, wollen wir eine Frage noch einmal stellen: Handelt es sich tatsächlich um eine Täter-Opfer-Beziehung zwischen Sender und Empfänger? Nicht ganz. Der Empfänger einer Nachricht hat nämlich immer die Wahl, auf welchem Ohr er zuhören will. Das gelingt natürlich nur vorbereiteten Zuhörern, die eine Nachricht in ihre Bestandteile zerlegen und selbst beim Zuhören klare Ziele verfolgen.

Fallbeispiel 7:
Petra hört hin

Die Freelancerin Petra wird von Pete, einem Mitarbeiter der Forschungsabteilung, auf dem Flur angesprochen: „Malory hat damit geprahlt sich mit einem Tool Admin-Rechte auf seinem Rechner verschafft zu haben und will sich irgendwelche Entwickler-Tools installieren." Es ist nicht das erste Mal, dass Petra über solche Dinge informiert wird. Petra ist in den Fachabteilungen dafür bekannt, dass man ihr als Projektmitarbeiterin vertrauen kann, ohne dass gleich die Kavallerie ausrückt. Petra hatte vier Möglichkeiten, die Nachricht zu empfangen:

Sach-Ohr: Petra hätte die Möglichkeit gehabt, auf rein sachlicher Ebene zuzuhören. Ihre Reaktion wäre dann zum Beispiel so ausgefallen: „Danke für den Hinweis. Was weist Du sonst noch zu dem Sachverhalt?"

Selbstoffenbarungs-Ohr: Petra hätte auch auf die Selbstoffenbarung hören können. Dann hätte sie vielleicht so reagiert: „Kannst Du Malory nicht leiden, oder warum schwärzt Du ihn bei mir an?"

Appell-Ohr: Sie hätte sich aber auch auf einen Appell konzentrieren können und dann vielleicht so reagiert: „Und jetzt soll ich ihn verhaften, oder wie?"

Beziehungs-Ohr: Für Petra spielt das Vertrauen der Mitarbeiter jedoch eine große Rolle. Sie möchte lieber informiert sein, was so läuft, als vom Geschehen abgeschnitten zu sein. Sie reagiert daher so: „Danke, dass Du mir vertraust, Pete. Es ist wichtig, dass wir so was intern klären, bevor es zu spät ist. Der IT-Sicherheitsbeauftragte versteht bei so etwas keinen Spaß." Petra beschließt, auf dem Beziehungs-Ohr hinzuhören. In diesem Fall war ihr das besonders wichtig.

Wenn Malory bereits öfter aufgefallen wäre, hätte Petra auch die Sachebene abfragen und das Ganze als Sicherheitsvorfall behandeln können. Es wäre auch denkbar gewesen, auf der Selbstoffenbarungsseite zu reagieren; vielleicht will Pete einfach nur zum Ausdruck bringen, dass er selbst sich immer an die Regelungen hält. Oder er will als Appell zum Ausdruck bringen, dass Petra sich mehr um solche Dinge kümmern soll. Alle diese Möglichkeiten sollte Petra bedenken, wenn sie richtig reagieren will.

4.3.1 Scherbenhaufen der Kommunikation

Scherbenhaufen

Im schlimmsten Fall sieht die Kommunikation in einem Unternehmen oder einer Behörde aus wie ein Scherbenhaufen, aus dem sich jeder Empfänger herausholt, wozu er Lust hat. Ein Bruchstück hier, ein Gesprächsfetzen da und irgendwo am Rande noch die verblasste Erinnerung an eine Projektbeschreibung, in der etwas zu den Projektzielen stand.

Abbildung 9:
Kommunikation
ohne Konzept

Diesen Scherbenhaufen gilt es gezielt zu vermeiden, um die richtigen Nachrichten zu senden, aber auch, um die richtigen Nachrichten zu empfangen. Ohne Konzept liegen die Sach-, Beziehungs-, Selbstoffenbarungs- und Appellaspekte wild durcheinander und jeder zieht die Schlüsse, die er für richtig hält. Auf diesem Weg kommt man natürlich nicht weiter.

Wir wollen die vier Aspekte einer Nachricht nun genauer betrachten und auf spezifische Eigenarten des Projektlebens hin untersuchen. Der Blickwinkel soll dabei jeweils der des Freelancers sein, der sich mit seiner Nachricht an andere wendet beziehungsweise von diesen eine Nachricht empfängt. Welche Besonderheiten kennzeichnen sie bezüglich der vier Aspekte einer Nachricht?

Sachaspekt

Beginnen wir mit dem Sachaspekt der Nachricht: Es geht aus den vier Problemfeldern, die wir in Abschnitt 3.1 kennengelernt haben, vor allem um die Ziele und Prioritäten. Wenn wir uns nun vor Augen führen, dass der Sachinhalt der ruhende Pol einer Nachricht ist, dann wird uns jetzt leider auffallen, dass der Sachinhalt leider häufig genug äußerst streitbar ist.

Beziehungs-
aspekt

Wie der Beziehungsaspekt aussehen kann, hängt vom Typ des Freelancers und dessen Rolle im Team ab. Sieht er sich eher als graue Eminenz, die den Überblick anstrebt oder als Service-Provider, der eins zu eins ausliefert, was auch bestellt wird. Oder versteht er sich als Wanderer zwischen diesen Welten? Neben dem einzelnen Freelancer stehen natürlich noch die Mitarbeiter, Kollegen und Manager des Unternehmens als Sender und Empfänger von Nachrichten bereit und natürlich gibt es häufig genug auch noch viele weitere externe Mitarbeiter. Zwischen diesen Polen spannt sich das Beziehungsgeflecht, das es zu berücksichtigen gilt, um auf der kommunikativen Ebene die Problemfelder der beteiligten Akteure zu erfassen.

Die Selbstoffenbarung ist nicht leichter zu interpretieren, als die bereits betrachteten Aspekte Sach- und Beziehungsaspekt, geht es doch hierbei häufig um die von einer Person empfundenen Zwänge und Risiken und damit häufig auch um Ängste. Niemand redet gerne offen über seine Ängste. So neigt mancher zu verbalem Übermut, um seine Angst nicht zu offenbaren und sich ihr nicht stellen zu müssen. Der IT-Leiter könnte seinen Übermut zu den laufenden Projekten zum Beispiel so zum Ausdruck bringen: *„Unsere Projekte werden die Kostenziele natürlich nicht verfehlen. Wer etwas anderes behauptet, redet Quatsch!"* Und das nur, um zu verhindern, sich mit den mahnenden Mitarbeitern auseinandersetzen zu müssen. Oder er könnte sich übermütig vor seine Leute stellen: *„Wir brauchen hier keine schlauen Tipps aus der Security-Abteilung – unsere Systeme sind 100 % sicher!"* Wer in dieser Aussage des IT-Leiters nur auf den Sachinhalt hört – *„Kostenziele werden eingehalten", „Systeme sind 100 % sicher"* und *„keine Tipps nötig"* – der ist selber schuld. Hier sind offene Ohren gefragt, um den Selbstoffenbarungsaspekt nicht zu überhören und nicht misszuverstehen.

Selbstoffenba-
rungsaspekt

Was die Appellseite angeht, muss man zwischen Appellen, die sich auf Risiken beziehen und solchen, die sich auf Ziele beziehen unterscheiden. Die Frage ist, ob der Sender einer Nachricht eher seine eigenen – eventuell insgeheim wahrgenommenen – Risiken zum Ausdruck bringt, oder sich auf konkrete Ziele bezieht, bei deren Erreichung man unterstützen soll.

Appellaspekt

Wir fassen nun die wichtigsten Eigenarten von Nachrichten noch einmal zusammen:

Zusammen-
fassung

- ⇒ Der Sachinhalt ist häufig nicht eindeutig und sogar streitbar.
- ⇒ Die Beziehungsseite spielt sich zwischen Mitarbeitern, Kollegen, Managern und den unterschiedlichen Typen externer Mitarbeiter ab.
- ⇒ Der Selbstoffenbarungsaspekt spricht die gefühlsbetonten Aspekte Zwänge und Risiken an.
- ⇒ Beim Appellaspekt sollte man zwischen Risiken und Zielen unterscheiden.

Ausgehend von diesen Besonderheiten ergeben sich einige klassische Konfliktsituationen, denen sich der nächste Abschnitt widmet.

4.3.2 Konfliktpotential

Sachaspekt

Der Sachinhalt bietet einige Möglichkeiten, eine Nachricht falsch zu verstehen. Selbst dann, wenn sie rein sachlich vorgebracht wird, bietet die Diskussion um richtig gesetzte Ziele und um deren richtige Priorisierung noch genügend Zündstoff. Als Freelancer muss man sich mit diesem Konfliktpotential auseinandersetzen. Es muss jederzeit transparent sein, wie die Einschätzung dieser Größen bei den einzelnen Beteiligten zustande gekommen ist, um das *„politische Gefüge"* eines Projektes richtig einzuordnen.

Beziehungsaspekt

Auf der Beziehungsseite sind Schwierigkeiten zu erwarten, wenn man sich als Freelancer in der Rolle der grauen Eminenz sieht oder anderweitig eine Führungsrolle übernimmt, die man nominell gar nicht hat. Nimmt man eher die Position des reinen Dienstleisters ein, bietet sich auf dieser Seite weniger Angriffsfläche, aber auch weniger Möglichkeit sich ins rechte Licht zu rücken. Auch Gespräche mit Chefs und Managern bieten im allgemeinen Zündstoff. Im Grunde betrifft dies all die Gespräche, die Autoritäten unter Druck setzen oder gar in Frage stellen. Falsch vorgebracht kann der Sachinhalt der Nachricht in diesem Fall vollständig verloren gehen. Hier ist also gerade für Freelancer Vorsicht geboten. Von ihnen kann man sich, wenn nötig, ohne große Probleme trennen.

Selbstoffenbarungsaspekt

Der Selbstoffenbarungsaspekt an sich hat ein geringes Konfliktpotential. Dafür ist er umso explosiver, wenn man auf die Selbstoffenbarung falsch reagiert. Wenn man also den Ängstlichen als ängstlich entlarvt oder dem Übermütigen seine unreflektierte Risikobereitschaft vor Augen führt. Die Selbstoffenbarung ist daher besonders in ihren Extremen problematisch: der Selbstentlarvung und der Selbstdarstellung. Nimmt man den übermütigen IT-Leiter von weiter oben als Beispiel, so ist es wenig ratsam, auf seinen Übermut so zu reagieren, dass er bloßgestellt wird.

Appellaspekt

Dem Appellaspekt wohnt schließlich das geringste Konfliktpotential inne. Die Erklärung dafür ist einfach: Wer auf jeden vermuteten Apell mit Übereifer reagiert, der bekommt einfach keine neuen

Nachrichten mehr. Das ist zwar an sich nicht gut, löst aber zunächst keinen Konflikt aus.

Was wir uns nach all diesen theoretischen Überlegungen zurück ins Gedächtnis rufen müssen, ist die Freelancer-Rolle auf der Bühne des alltäglichen Berufslebens. Ist man als fest angestellter Mitarbeiter von Informationen abgeschnitten oder in unterschwellige Konflikte verstrickt, wirkt sich das in viel längeren Zyklen aus, als in einem eher losen Projektauftrag. Als Freelancer muss man von der Projektlaufzeit, über Einarbeitungsphasen bis hin zu *„Kündigungsfristen"* alles in kürzeren Zeiträumen denken als interne Mitarbeiter. Daher rächt es sich auch härter, ob man mit einem der vier Ohren ein Mal nicht richtig hin hört.

Rolle des Freelancers

4.3.3   Zusammenfassung

Kommunikation im Projekt sollte sich vor allem mit den Menschen beschäftigen, die als Sender und Empfänger eine wichtige Rolle dabei spielen, wie die Nachricht verstanden wird. Es reicht dabei nicht aus, sich nur auf den Sachinhalt zu verlassen, weil er oft genug mit Unsicherheiten behaftet oder sogar streitbar ist. Wenn die anderen Aspekte der Kommunikation dann zufällig entstehen und ungewollte Botschaften auf der Beziehungs-, Appell- und Selbstoffenbarungsseite enthalten, dann entstehen schnell Konflikte, die vermeidbar gewesen wären.

Der Mensch steht im Mittelpunkt

Wir haben in diesem Kapitel eine Möglichkeit kennengelernt, mit der man Nachrichten auf versteckte Botschaften untersuchen kann, bevor man sie unüberlegt an Mitarbeiter, Kollegen und Manager kommuniziert.

Vier Münder

Ebenso wie jede Nachricht aus Sicht des Senders vier Seiten hat, so kann man sie auch als Empfänger mit vier Ohren wahrnehmen und so nach den entscheidenden Zwischentönen filtern.

Vier Ohren

Nachrichten, müssen zwischen Menschen wirken und nicht von E-Mail-Postfach zu E-Mail-Postfach wandern. Selbst, wenn dann formal alles richtig ist und man im Streitfall mit dem Finger auf jemand anderen Zeigen kann – das Ziel einen Streit zu vermeiden, hat man trotzdem verfehlt.

Von Mensch zu Mensch

4.4 Das Werte- und Entwicklungsquadrat

Zu viel
des Guten

In der Vergangenheit wurden Menschen in der Personalentwicklung vielfach auf Skalen eingeschätzt, wie man sie aus der Schule kennt. In unterschiedlichen Ausprägungen wurde da zwischen gut und schlecht unterschieden, ohne darüber nachzudenken, ob am positiven Ende der jeweiligen Skala eventuell ein Übersteuern möglich ist – also ein Zuviel des Guten.

Übermotiviert
ins Abseits

In meiner Zeit als Offiziersanwärter war unter den Vorgesetzten immer wieder von übermotivierten Kandidaten die Rede. Ich habe – jung an Lebensjahren – überhaupt nicht verstanden, was daran schlecht sein soll einfach noch motivierter zu sein als die motiviertesten anderen. Heute ist mir völlig klar, warum es nicht gut ist, wenn man am Anfang seiner Karriere bereits auftritt, als wolle man die ganze Welt retten. Die Motivation verkehrt sich dann irgendwann ins Gegenteil und bringt die Beurteilung in einer anderen Skala ins Wanken, z. B. die der Fähigkeit zur realistischen Selbsteinschätzung.

Sich selbst die
Preise drücken

Übertragen Sie dieses sehr persönliche Beispiel auf Ihren Projektalltag als Freelancer und die ersten Wochen bei einem Kunden. Stellen Sie sich vor, Sie wären nicht nur motiviert, sondern eben übermotiviert: Nach drei Tagen liegt der erste 20 Seiten lange Report zur Umstrukturierung der gesamten IT-Abteilung vor und eine IT-Strategie für die nächsten zehn Jahre haben Sie auch erstellt. Darüber hinaus haben Sie eine umfangreiche Kommentierung der Arbeitsanweisungen innerhalb der IT erstellt. Der Kunde sagt, dass er Sie dafür gar nicht beauftragt hat und Sie erwidern, dass sei alles kein Problem, sie hätten die Dokumente abends nach Feierabend erstellt und würden die Zeit nicht in Rechnung stellen. Ich gehe davon aus, dass Sie bestenfalls im ersten Reflex damit gut ankommen. Nach spätestens drei Wochen fängt man auf die Art an zu nerven – egal, wie motiviert das aussehen mag. Mal ganz abgesehen von dem wirtschaftlichen Aspekt, dass man sich durch diese Art von Übermotivation nicht von der Konkurrenz absetzt, sondern hauptsächlich sich selbst und anderen die Preise kaputt macht.

Man kann diese Betrachtung auf vielfältige andere Eigenschaften, die man unter Soft Skills zusammenfassen kann, übertragen. Für eine strukturierte Darstellung hat sich in der Kommunikationspsychologie das Werte- und Entwicklungsquadrat durchgesetzt. Betrachten wir zunächst als Ausgangspunkt eine Als Skala dargestellte Bewertung einiger persönlicher Erscheinungsmerkmale.

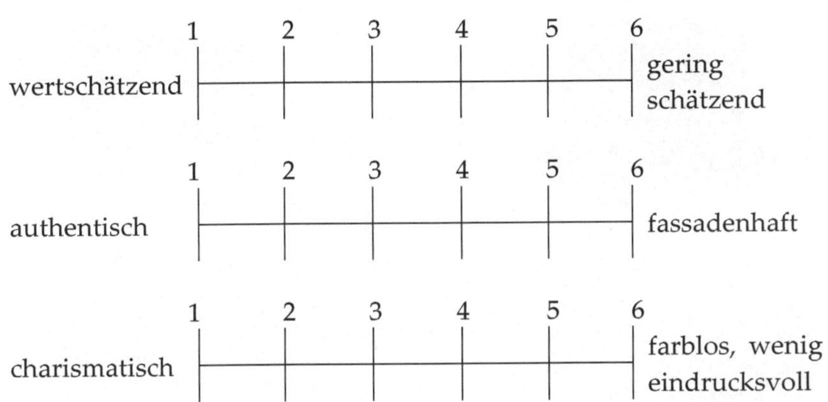

Abbildung 10: Bewertungs-skalen (nach [8], Seite 52)

Auf einer solchen Skala konnte man nach dem Schulnotenprinzip sehr gut, gut, befriedigend, ausreichend, mangelhaft oder ungenügend abschneiden.

In dieser Art der Betrachtung bleibt außer Acht, was menschliche Eigenschaften immer nur dann konstruktiv wirken, wenn sie – ganz wie bei der Motivation – in einem ausgewogenen Verhältnis zu einer Komplementäreigenschaft gelebt werden.

So ist ein wertschätzendes Verhalten gut, darf aber nicht zu einem aufgesetzten Getue verkommen und sich so durch die Übertreibung selbst entwerten. Ebenso darf ein authentisches Verhalten nicht in allzu große Offenheit und naive Unverblümtheit umschwenken und ein Mensch mit charismatischem Auftreten darf nicht zum stolzierenden Gockel verkommen.

Übersteuerung

Authentizität muss also durch ein Gegengewicht ausgeglichen werden. Ein ausgeprägtes Wirkungsbewusstsein wäre hier von Vorteil. Auch dieses Gegengewicht kann durch Übertreibung abstürzen und zu einer manipulativen Fassadenhaftigkeit verkommen. Daraus lassen sich die zwei positiven Tugenden Authentizität und Wirkungsbewusstsein in einem Wertediagramm veranschaulichen:

Wertequadrat

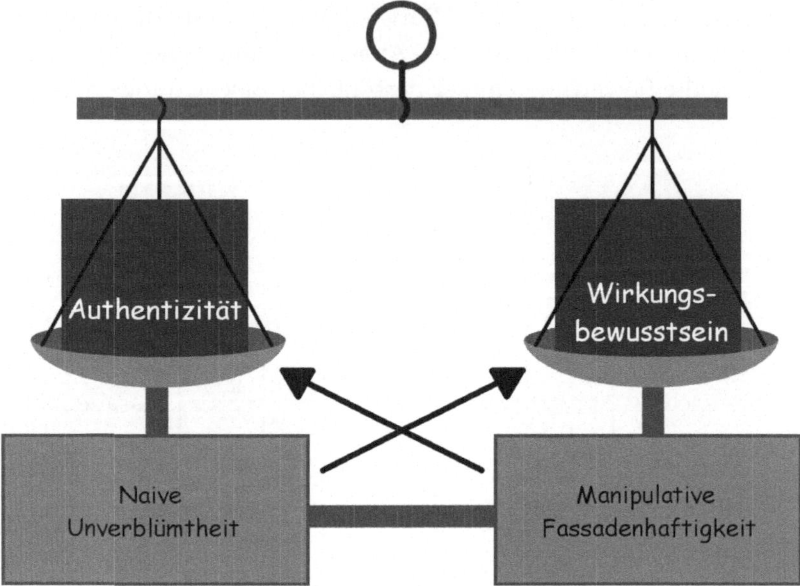

Abbildung 11:
Werte- und Ent-
wicklungsquadrat
(nach [8],
Seite 53)

In dieser Darstellung ist die Gut-Schlecht-Skala der Authentizität in der Diagonalen von oben links nach unten rechts abgetragen und auf der anderen Diagonale die des Gegenspielers Wirkungsbewusstsein. Auf dieser Skala stehen sich immer zwei Soft Skills gegenüber, die in gegenseitiger Wechselwirkung zueinander stehen und sich in gewisser Weise gegenseitig Begrenzen und ein Verkehren ins Negative verhindern.

Suche nach
Partner-
Eigenschaften

Wenn wir nun einzelne Soft Skills betrachten, so sollten wir uns immer Gedanken dazu machen, ob die als positiv verstandene Eigenschaft ins Negative kippen kann, wenn wir es übertreiben, und ob es dazu eine Partner-Eigenschaft gibt, die für ein ausgewogenes Verhältnis sorgt.

Dazu müssen wir uns die zu betrachtende Eigenschaft zunächst in der Diagonalen in ein Werte- und Entwicklungsquadrat eintragen und dann nach der passenden Partner-Eigenschaft suchen, zu der man nach folgendem Muster formulieren kann:

⇒ Eine optimale Ausprägung der Eigenschaft A wird durch eine Eigenschaft B definiert.

⇒ Durch ein ausgewogenes Verhältnis beider Eigenschaften entsteht ein gesundes Gleichgewicht.

⇒ Eine Übertreibung von Eigenschaft A führt zur negativen Ausprägung von Eigenschaft B.

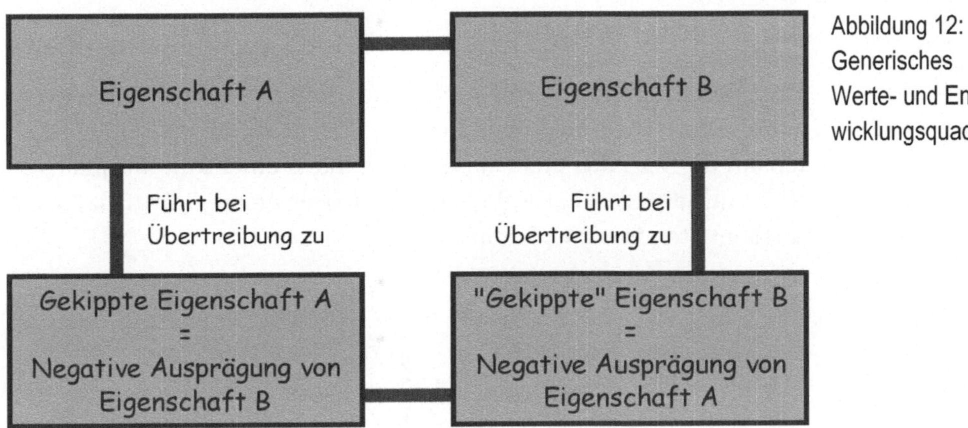

Abbildung 12: Generisches Werte- und Entwicklungsquadrat

Anhand unseres Beispiels Authentizität würden wir die ursprüngliche Skala von authentisch (= gut) bis fassadenhaft (= schlecht) in der Diagonalen einzeichnen und dann nach den Gegenpolen suchen.

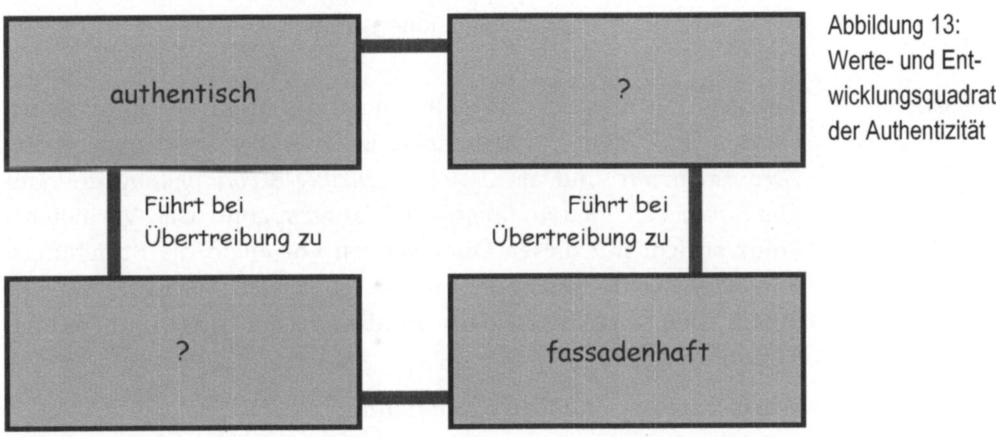

Abbildung 13: Werte- und Entwicklungsquadrat der Authentizität

Im nächsten Schritt würden wir so zu den in Abbildung 11 dargestellten Partnern und ihren durch Übertreibung ins negative „gekippten" Varianten gelangen.

4.5 Verhaltenskreuz

Standort-
bestimmung

Zur Beschreibung von Konfliktsituationen schlägt Friedemann Schulz von Thun in seiner Reihe *„Miteinander reden"* ein Verhaltenskreuz[5] vor, das uns bei der Suche nach einer kommunikativen Richtung als Landkarte dienen soll. Unser erster Schritt dabei ist, unseren Standort zu bestimmen.

Abbildung 14:
Verhaltenskreuz
nach Schulz von
Thun

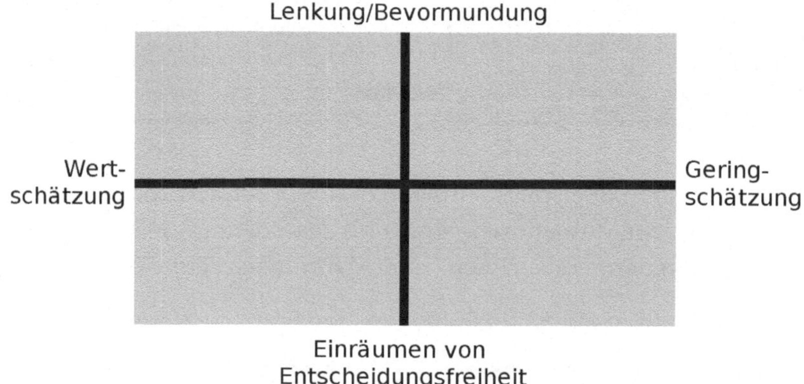

Verhaltenskreuz

Schauen wir uns das Modell näher an: In zwei Dimensionen werden auf dem Verhaltenskreuz zuerst *Wertschätzung* und *Geringschätzung* und als Zweites *Lenkung/Bevormundung* und das *Einräumen von Entscheidungsfreiheit* aufgespannt. Das Verhaltenskreuz spricht mit diesen Dimensionen vor allem die Beziehungsseite der Kommunikation an. Es geht also weniger um die inhaltlichen Aspekte, sondern um die sozialen Auswirkungen der Kommunikation.

Wertschätzung und Geringschätzung

x-Achse

Zu einer wertschätzenden Kommunikation gehören Höflichkeit, Takt und freundliche Ermutigung. Ebenso wird eine Umkehrbarkeit des Sprachverhaltens gefordert: *„Was du nicht willst, das man dir tu, das füg' auch keinem andren zu!"* Mit Wertschätzung ist freilich nicht gemeint, sich gegenseitig Honig um den Mund zu schmieren oder die Worte in Watte zu packen.

---

[5]   Friedemann Schulz von Thun; Miteinander reden 1 – Störungen und Klärungen. Allgemeine Psychologie der Kommunikation; 1981; Rowohlt Taschenbuch Verlag; ISBN: 3499174898; Seite 162 ff

Eine geringschätzende Kommunikation hingegen ist emotional kalt, abweisend und von oben herab. Man zeigt dem Gegenüber auf diese Weise seine Abneigung oder möchte ihn oder sie sogar lächerlich machen.

**Lenkung/Bevormundung und
Einräumen von Entscheidungsfreiheit**

Durch Lenkung oder Bevormundung versucht man den Kommunikationspartner weitgehend unter den eigenen Einfluss zu bringen. Die Sprache ist durch Anweisungen, Vorschriften und Verbote bestimmt. Zu viel Lenkung und Bevormundung löst inneren Widerstand aus. Das Einräumen von Entscheidungsfreiheit verzichtet hingegen auf solche Sprachmittel.

y-Achse

Projekt-Kommunikation, wie wir sie bisher besprochen haben, spielt sich aufgrund begrenzter Ressourcen und straffer Zeitpläne fast zwangsläufig in den oberen beiden Quadranten des Verhaltenskreuzes ab. Über verschiedene Gewerke verzahnte Projektpläne sollen Entscheidungsspielräume des Einzelnen ja bewusst einschränken und die Mitarbeiter gezielt auf Kurs bringen. Die wichtigsten Entscheidungen sind ja oft bereits getroffen und können nach Projektstart nicht leichtfertig revidiert werden. Oft ist die Situation zusätzlich so, dass die Projekt-Mitarbeiter mit ihrem Wissensvorsprung gegenüber den Fachabteilungen immer in Gefahr sind in den rechten Teil der Graphik abzudriften.

Standort: fast zwangsläufig im Konfliktbereich

Treten wir als Freelancer jedoch in der Beraterrolle auf, haben wir die Möglichkeit uns im unteren, linken Quadranten zu positionieren, wo wir mit Wertschätzung auf verschiedene Alternativen hinweisen und unseren Kunden letztendlich die Entscheidung überlassen. Das ist allerdings eine Position, die nicht jeder Freelancer übernehmen kann, weil nicht jeder *„nur"* als Berater beauftragt wurde, sondern durchaus auch Entscheidungen treffen und durchsetzen soll.

Berater oder Entscheider

Schließlich bleibt die Frage, wer eigentlich unsere Kunden sind. Häufig wird man als IT-Freelancer über Personalvermittler beauftragt. Ist der Personalvermittler also der Kunde? Oder ist es das Unternehmen, das als Endkunde auftritt? Oder ist es das Projekt oder die Abteilung innerhalb des Unternehmens, die letztlich die Mittel für die Beauftragung zur Verfügung stellen? Oder sind es einzelne Personen, denen man jeweils direkt zuarbeitet? Oder die Kunden des Projekts selbst? Schauen wir uns das im nächsten Abschnitt genauer an.

Wer sind unsere Kunden?

4.6   Normenkreuz für Freelancer

Wer sind unsere Kunden? Personalvermittler? Der Einkauf des Endkunden? Projektleiter, Fachabteilungen oder die Projektauftraggeber? Mitarbeiter und Kollegen im Projekt selbst? Wie gehen wir mit all diesen unterschiedlichen Personen und ihren unterschiedlichen Zwängen, Zielen, Prioritäten und Risiken um?

Normenkreuz der Kunden

Matthias H. J. Gouthier[6] hat ursprünglich zur Beschreibung von Kundenbeziehungen ein Normenkreuz eingeführt, dass eine Einteilung in Kundengruppen ermöglicht. Es fokussiert auf das Kundenverhältnis im Dienstleistungsbereich und wird auch in der Konfliktliteratur zitiert. Das liegt daran, dass die Frage im Mittelpunkt steht, inwieweit sich Personen an bestimmte Normen halten, die für die Beziehung zwischen Kunde und Dienstleister gelten. Im Normenkreuz unterscheidet man nach den Schlüsselnormen (Muss- bzw. Grundnormen) und den Randnormen (Soll- bzw. Kann-Normen).

Normenkreuz für Freelancer

Gouthier denkt dabei vor allem an große Dienstleister mit vielen einzelnen Kunden. Wenn wir vom Normenkreuz profitieren wollen, müssen wir es auf die Ansprüche von Freelancern umdeuten. Als Freelancer sind wir ein einzelner kleiner Dienstleister mit unterschiedlichsten Auftraggebern – unseren Kunden. Da unsere Kunden, so wie wir sie zu Beginn des Abschnitts aufgezählt haben, sehr unterschiedliche Anforderungen an uns stellen und wir selbst ja besser werden wollen, lohnt es sich, die ursprüngliche Perspektive zu wechseln und uns selbst im Normenkreuz einzuordnen. Das Normenkreuz der Kunden wird so zu einem Normenkreuz für Freelancer.

Zielgruppenbestimmung

Der Kunde ist König heißt der Grundsatz jeder Dienstleistung. Wer König ist, wird *wertschätzend* behandelt und hat allerlei *Entscheidungsfreiheit*. Mit diesen beiden Attributen schlagen wir im Verhaltenskreuz aus dem vorhergehenden Abschnitt die richtige Richtung ein, um Konflikten vorzubeugen. Unsere Kunden sind unsere Auftraggeber und deren Mitarbeiter – im Folgenden Abschnitt kurz Auftraggeber genannt.

---

[6]   Matthias H. J. Gouthier, Bernd Strauss; Kundenentwicklung im Dienstleistungsbereich; 2003; Gabler; ISBN 3824476754; Seite 48

Unsere Auftraggeber stellen durchaus voneinander abweichende Regeln auf, deren Einhaltung sie von einem Freelancer erwarten. Wir werden mit Hilfe des Normenkreuzes versuchen unsere Fremdwahrnehmung besser einzuordnen, um uns mehr Klarheit über unsere Rolle bei unseren Auftraggebern zu verschaffen.

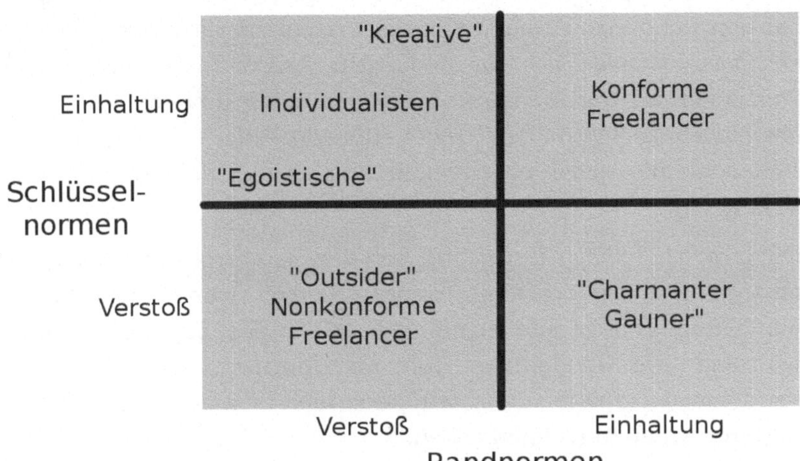

Abbildung 15: Normenkreuz für Freelancer. Wie werden wir wahrgenommen?

An den Schlüsselnormen kommt man nicht vorbei. Sie sind sozusagen die Grundvoraussetzung für die Aufrechterhaltung der guten Beziehungen zu einem Freelancer. Hier werden Normen eingruppiert, die vertraglich festgehalten sind, und bei denen unsere Auftraggeber gewillt sind, sie durchzusetzen. **Schlüsselnormen**

Die Randnormen sind hingegen die abgeschwächte Form einer Vorschrift. Gegen sie zu verstoßen entspräche weitestgehend einer Ordnungswidrigkeit, während Verstöße gegen die Schlüsselnormen als Straftaten betrachtet würden. Bei den Randnormen ist es zwar beabsichtigt, dass man sich an sie hält, ein Verstoß führt aber nicht unmittelbar zur Beendigung des Auftrags. **Randnormen**

Freelancer, die sich sowohl an Schlüssel- als auch an Randnormen halten, bezeichnet man als *konforme Freelancer*. Als solche liegen wir voll auf der Linie unserer Auftraggeber und alle sind zufrieden. **Konforme Freelancer**

Bei Verstößen gegen Schlüsselnormen wird zwischen den *Outsidern* und den *charmanten Gaunern* unterschieden. Für Personen, die sich nicht an Schlüsselnormen halten, fordert Gouthier den Ausschluss aus dem System. Die Störung der Interaktion zwischen den Beteiligten – und damit das Konfliktpo- **Ausschluss aus dem System** tential – ist in der unteren Hälfte des Normenkreuzes seiner Ansicht nach einfach zu groß. Für uns als Freelancer bedeutet das, dass wir immer einen Überblick darüber haben, wo einzelne Personen unseres Auftraggebers ihre Schlüsselnormen verorten, weil uns dort Ärger droht.

Kreative Individualisten

Bei den Freelancern, die sich an Schlüsselnormen halten, sich aber bei den Randnormen nicht allzu gewissenhaft verhalten, sind die *kreativen Individualisten* für den Auftraggeber im Grunde sogar wertvoller als die *konformen Freelancer*. Diese können durch ihr abweichendes Verhalten Innovationspotential aufzeigen und stellen damit quasi eine Qualitätssicherung der Randnormen sicher.

Egoistische Individualisten

Die *kreativen Individualisten* sind von den *egoistischen Individualisten* abzugrenzen, die sich einfach alles erlauben, was straffrei bleibt. Sie halten sich gerade eben noch so an die Schlüsselnormen, während die Einhaltung von Randnormen als überflüssig betrachtet wird. Klar, dass wir auch hier unangenehm auffallen und mit Ärger zu rechnen haben.

Abrutschen verhindern

Wenn man sein eigenes Verhalten und dessen Wahrnehmung nach diesem Schema einordnen will, muss man sich zunächst im Klaren darüber sein, welche Normen für einen Freelancer gelten sollen. Diese Frage ist nicht ganz so leicht zu beantworten, wie es scheint, sind doch viele der Normen nicht unmittelbar zu erkennen, gerade wenn man neu im Unternehmen ist. Da ist es schnell passiert, dass man auch mal aus Versehen in die untere Hälfte des Normenkreuzes abrutscht. Hier eine Schieflage zu vermeiden, ist aber von entscheidender Bedeutung für uns, denn hiervon hängt letztlich unsere Folgeakquise ab.

Die individuelle Wahrnehmung entscheidet

Für Freelancer heißt das: Tägliche Prüfung der eigenen Wahrnehmung beim Auftraggeber. Es ist nicht entscheidend, ob eine Norm im Projektauftrag als Schlüsselnorm ausgewiesen wurde, oder ob sie objektiv eine sein sollte. Wichtig ist, ob unsere Auftraggeber sie als solche einordnen oder nicht.

Unausgesprochene Normen

Oft sind Schlüssel- und auch Randnormen unausgesprochen. Überstundenregelungen bei Projekten mit Tagessatz fallen häufig in diese Gruppe. Hier erwarten Auftraggeber schon mal mehr, als möglich ist und man rutscht schnell in der Wahrnehmung des Auftraggebers von oben rechts nach unten links ab. Auch Arbeitszeitregelungen und Pausenzeiten fallen unter diese unausgesprochenen Normen. Vertraglich sind diese Dinge häufig nicht geregelt, weil der externe Mitarbeiter sonst unter Umständen gar nicht mehr als Selbstständig zu bezeichnen ist. Trotzdem werden Ihre Auftraggeber eine gewisse Vorstellung davon haben, wie Sie Ihre Arbeitszeiten legen sollen und wann Sie sich einen freien Tag gönnen können.

Alle Entscheidungen, die Sie bezüglich der beim Auftraggeber geltenden Normen treffen, werden von unterschiedlichen Personen unterschiedlich wahrgenommen und lassen sie bei dem ein oder anderen vom *„Konformen Freelancer"* zum *„Outsider"* werden, dessen Beauftragung bald ausläuft – Folgeauftrag ausgeschlossen.

Folgeauftrag ausgeschlossen

Aufgrund unserer Normentreue werden wir also von unseren Auftraggebern unbewusst den vier Quadranten des Normenkreuzes zugeordnet. Auf dieser Überlegung aufbauend erhalten wir ein besseres Verständnis für unser Verhalten und dessen Wahrnehmung. Das verhindert in Konfliktsituationen alle über einen Kamm zu scheren und in eine allgemeine Frustration abzurutschen. Durch eine Fokussierung lassen sich Konflikte besser verorten, frühzeitig erkennen und an der richtigen Stelle zu einer Klärung bringen. Das ist vor allem dann wichtig, wenn wir von Teilen unseres Auftraggebers im Normenkreuz oben rechts eingeordnet werden und durch das gleiche Verhalten von anderen Teilen als *„Outsider"* wahrgenommen werden.

Fokussierung

Während das Verhaltenskreuz im vorigen Abschnitt hauptsächlich dazu dient, unser Verhalten an sich einzuordnen, dient das Normenkreuz dazu, die Wahrnehmung unseres Verhaltens durch andere Personen zu beurteilen. Wir hatten diese zwei Pole zwischenmenschlicher Interaktion bereits bei der Darstellung des Kommunikationsquadrats betrachtet, wobei sie dort durch das Bild mit den vier Mündern und den vier Ohren klarer in Erscheinung treten.

Verhaltenskreuz und Normenkreuz im Vergleich

4.7   Zusammenfassung der ersten Kapitel

Der Grundstein ist gelegt

Wir haben nun das nötige Rüstzeug beisammen, um uns im Detail mit konkreten Soft Skills auseinander zu setzen. Bevor wir uns in den nächsten Kapiteln in drei Blöcken mit diesen einzelnen Soft Skills auseinandersetzen, wollen wir die ersten vier Kapitel noch einmal Revue passieren lassen.

Kapitel 1 bis 4

Nach der Einführung im ersten Kapitel und der Festlegung unserer hier geltenden Definition von Soft Skills, haben wir uns im zweiten Kapitel mit dem alltäglichen Theater auf der Projektbühne und dem Rollenverständnis der verschiedenen Akteure beschäftigt. Im dritten Kapitel haben wir gefragt, welche Problemfelder (Zwänge, Ziele, Prioritäten und Risiken) die einzelnen Akteure beschäftigen und haben versucht für uns selbst und unsere Situation als Freelancer Verständnis zu erwecken und haben einen Blick in unsere Motive gewagt. Das vierte Kapitel schließlich hat einige Modelle aus der psychologischen Literatur vorgestellt, anhand derer zwischenmenschliche Kommunikation eingeordnet werden kann, um die dabei ablaufenden Vorgänge besser zu verstehen und sie letztlich positiv beeinflussen zu können.

Bipolarität zwischenmenschlicher Interaktion

Ob die eigenen Problemfelder oder die der anderen, ob vier Münder oder vier Ohren, ob Selbstwahrnehmung oder Fremdwahrnehmung, ob Absicht des eigenen Verhaltens oder Wahrnehmung des eigenen Verhaltens durch andere – zwischenmenschliche Interaktion spielt sich fast immer zwischen zwei Polen ab und je nach Zugehörigkeit zu einem der beiden Pole werden Menschen identische Situationen unterschiedlich wahrnehmen, unterschiedlich bewerten und dementsprechend unterschiedlich handeln. Das machen sie nicht, weil sie sich gegenseitig ärgern wollen (meistens), oder weil sie durch gegensätzliches Verhalten den Arbeitsalltag spannender gestalten wollen. Menschen sind unterschiedlich in ihren Wahrnehmungen und setzen sich unterschiedliche Ziele, die sie mit abweichenden Prioritäten verfolgen. Dabei unterliegen sie unterschiedlichen Zwängen und nehmen individuelle Risiken wahr. Was für den einen richtig ist, kann für die andere grundlegend falsch sein. Sich zwischen diesen beiden Polen zurechtzufinden ist implizit einer der wichtigsten Soft Skills, der es daher auch ohne eigenen Abschnitt in die Auflistung der zehn wichtigsten Soft Skills am Ende des Buchs schafft.

5 Block I: Kommunikative Skills

„Natürlich ist Kommunikation nicht die Lösung aller Probleme, aber ohne klare Kommunikation gibt es keine klaren Lösungen."
-- Karl Benien, Psychologe

Nun geht es ans Eingemachte. Nachdem die bisherigen Kapitel die Grundlagen geliefert haben, kommen wir nun zum ersten von drei Blöcken, die sich mit konkreten Soft Skills befassen. Alles dreht sich dabei um Kommunikation und verschiedene Gesprächssituationen, in denen sich Freelancer häufig wiederfinden.

Wir räumen damit der Kommunikationsfähigkeit einen besonderen Stellenwert ein. Man hätte sie auch als einzelnen Soft Skill aufführen und mit wenigen Absätzen abhaken können. Kommunikationsfähigkeit ist aber von zentraler Bedeutung für alle anderen Soft Skills und wird sich dementsprechend auch in der Aufzählung der zehn wichtigsten Soft Skills in Kapitel 8 wiederfinden.

5.1   Motivation

Vorsprung durch
Kommunikation

Als Freelancer finden wir uns in unterschiedlichsten Gesprächssituationen wieder. In den meisten Fällen sind wir nur für einen begrenzten Zeitraum in einem Unternehmen und man verlangt von uns, möglichst schnell zu Ergebnissen zu kommen. Kommunikation ist dabei – neben unserem technischen Know-how – unsere Schlüsselqualifikation, sei es im klassischen Gespräch von Angesicht zu Angesicht, in Besprechungen, via Mail oder per Instant Messenger. Je geschickter wir uns auf dem Gebiet der Kommunikation bewegen, umso besser werden auch unsere fachlichen Arbeitsergebnisse sein. Nur wer seinen Kunden richtig versteht, kann letzten Endes zu seiner Zufriedenheit liefern.

Gesprächs-
verlauf

Wie ein Gespräch verläuft, hängt hauptsächlich von unserem Geschick ab, den Gesprächsverlauf richtig zu deuten und ihn wenn nötig zu steuern. Sei es im Gespräch von Angesicht zu Angesicht, via Mail oder Instant Messanger oder im Rahmen einer Besprechung mit vielen Teilnehmern. Eine Möglichkeit zur Steuerung eines Gesprächs bietet sich durch gezieltes und gekonntes Fragen. Daher werden wir und in diesem Kapitel mit Frageformen und Fragetechniken beschäftigen.

Konflikt-
gespräche

So lange alles funktioniert und sich alle verstehen, ist im Grunde egal, ob man im Sinne der Lehre richtig kommuniziert. Spätestens wenn es zu den ersten Konflikten kommt, ist guter Rat teuer. Wie man sogar gestärkt aus Konflikten hervor geht, besprechen wir in diesem Kapitel. Dabei stehen auch besonders konfliktträchtige Gesprächssituationen wie Kritikgespräche und der Umgang mit unzufriedenen Kunden im Mittelpunkt. Natürlich sprechen wir auch darüber, wie man mit dem Kunden über finanzielle Dinge spricht, ohne in einen Konflikt abzudriften.

Coaching

Je nach Rolle im Projekt und eigener Seniorität ist man als Freelancer auch als Mentor und Coach innerhalb des Teams gefragt. Auch mit dieser Form der Kommunikation werden wir uns befassen.

5.2   Gesprächsverlauf

Frank soll Petra etwas Wichtiges mitteilen. Er geht in ihr Büro und legt direkt los: „Morgen um 14:00 Uhr eine außerordentliche Team-Besprechung in KR-34. Wer da nicht mit dabei ist, bekommt Ärger!" Da er im Stress ist, macht er auf dem Absatz kehrt und verschwindet.

Petra war gerade am Lesen. Sie schaut auf und wundert sich: „Was ist? KR-34? Was? Wer bekommt Ärger?" Aber Frank ist bereits verschwunden.

Fallbeispiel 8: Frank hat es eilig

Die Kommunikation, mit der wir uns in diesem Kapitel befassen, wird als Übertragung einer Nachricht von einem Sender zu einem Empfänger verstanden. Wir können auf diese Kommunikation nicht nur Einfluss nehmen, indem wir die Nachricht als solche beeinflussen. Neben der Nachricht gibt es andere Parameter, die von entscheidender Bedeutung sind. Einer dieser Einflussfaktoren ist der Gesprächsverlauf.

Wir können es machen, wie Frank in Fallbeispiel 8 und einfach nur die Nachricht abladen, oder wir können noch etwas mehr tun, damit die Nachricht auch wirklich ankommt. Denn:

Sender und Empfänger

⇒   „gedacht" ist nicht gesagt…

⇒   „gesagt" ist nicht gehört…

⇒   „gehört" ist nicht verstanden…

⇒   „verstanden" ist nicht gewollt…

⇒   „gewollt" ist nicht gekonnt…

⇒   „gekonnt und gewollt" ist nicht getan…

⇒   „getan" ist nicht beibehalten… [7]

Bevor wir uns mit einem idealtypischen Gesprächsverlauf auseinandersetzen, wollen wir zunächst einen genaueren Blick auf dieses Sender-Empfänger-Modell werfen.

---

[7]   In Anlehnung an den Nobelpreisträger und Verhaltensforscher Konrad Lorenz (1903-1989), zitiert nach Wikipedia https://de.wikipedia.org/wiki/Sender-Empfänger-Modell, eingesehen am 15.12.2014

5.2.1   Sender-Empfänger-Modell

Nach dem Sender-Empfänger-Modell wird eine Nachricht über einen Informationskanal von einem Sender zu einem Empfänger übertragen. Dabei greifen Sender und Empfänger auf den Ihnen zur Verfügung stehenden Zeichenvorrat zurück. Bei der Übertragung kann es allerdings durch unterschiedlichste Rahmenbedingungen zu Störungen kommen. Das Modell geht davon aus, dass es zu einer Nachricht ein Feedback gibt. Das beinhaltet natürlich auch, dass es kein Feedback gibt – auch das ist eine Aussage, getreu dem Motto: Man kann nicht nicht kommunizieren.

Abbildung 16:
Sender-
Empfänger-
Modell

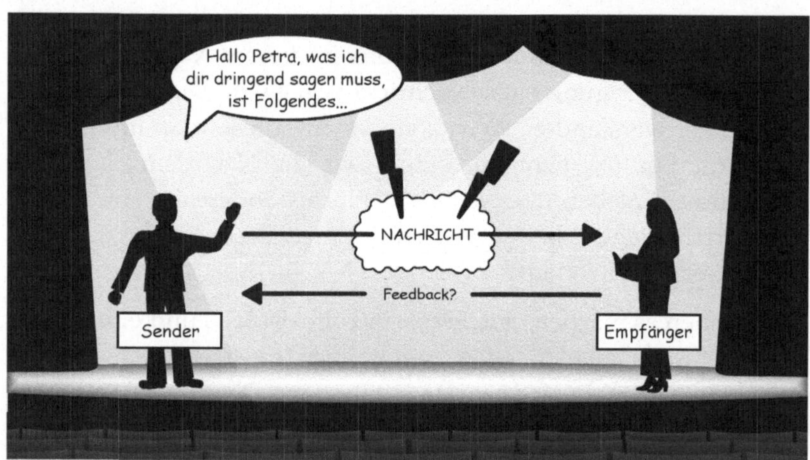

Betrachten wir nun die kurze Konversation aus Fallbeispiel 8 und machen uns hierzu einige Gedanken. Frank hatte eine wichtige Nachricht zu überbringen, und das hat er auch geschafft.

Gesagt ist nicht gehört...

Nur leider wurde seine Nachricht nicht erhört. Die Übertragung seiner Nachricht wurde gestört, weil Petra gerade abgelenkt war und ihm das auch gerne mitgeteilt hätte – Frank war da aber schon über alle Berge. Mangement by Helicopter: Plötzlich auftauchen, für viel Wirbel sorgen und ebenso schnell wieder verschwinden.

Feedback abwarten

Das Feedback von Petra blieb ungehört. Frank hatte gar nicht die Absicht, es zu hören. Für ihn kam es nur darauf an, seine Nachricht los zu werden. Wenn Frank allerdings darauf Wert legt, dass Petra auch an der Besprechung teilnimmt, kann das nicht alles sein. Was in einem Gespräch von Angesicht zu Angesicht noch unhöflich klingt, passiert per Mail jeden Tag, ohne dass man sich wundert: *„Hab ich Dir doch gemailt"*, heißt es dann, wenn man herausfinden will, warum man von einer Information abgeschnitten war.

Nun ist es die eine Sache, ob wir selbst von Informationen abgeschnitten sind, oder selber andere Personen von Informationen abschneiden, indem wir ihr Feedback nicht abwarten oder nicht einfordern. Als engagierter Freelancer überbringen wir unsere Nachrichten ja nicht nur, damit wir uns hinterher aus der Verantwortung stehlen können. Wir wollen vielmehr die Teams unserer Kunden voran bringen und das schaffen wir nur, wenn wir sicherstellen, dass unsere Nachrichten auch gehört und verstanden werden. Klar, könnte Frank sich jetzt rechtfertigen, und argumentieren, dass Petra ja auch noch einmal hätte nachfragen können und selbst schuld ist, das Meeting verpasst zu haben. Das hilft allerdings keinem weiter und nicht umsonst sagt der Volksmund: *„Wer sich rechtfertigt, klagt sich an"*. Wenn wir als Freelancer eine hohe Kundenzufriedenheit sicherstellen wollen, müssen wir in kommunikativen Dingen also unweigerlich eine Schippe drauflegen – nur erfolgreiche Kommunikation ist gute Kommunikation.

In vielen Dingen des Lebens ist eine solide Planung der erste Schritt zu einer erfolgreichen Durchführung, auch wenn man ein 100-prozentiges Gelingen nicht in allen Fällen garantieren kann. Auch hier hält der Volksmund ein passendes Sprichwort parat: *„Planung ersetzt den Zufall durch den Irrtum."* Was in diesen Fällen wichtig ist: dass man einmal gemachte Fehler zukünftig nicht wiederholt. Hierzu bedarf es einer gezielten Nachbereitung. Diese grundsätzlich bewährte Vorgehensweise sollte auch in der Kommunikation und in Gesprächen Anwendung finden.

5.2.2   Vorbereitung, Gespräch, Nachbereitung

5.2.2.1   Vorbereitung

Man kann jede Vorbereitung übertreiben. Gerade bei eher kleinen Anlässen wie einem Gespräch sollte diese Aussage zutreffen. Ein Gespräch ist oft so kurz, was soll man sich da lange vorbereiten? Aber gerade wegen der Kürze kann ein Gespräch auch unverschämt schnell eskalieren, wie wir alle wissen. Den Scherbenhaufen, den man mit einem gescheiterten Gespräch angerichtet hat, kann man oft nur durch viele klärende Gespräche wieder aufräumen. Das liegt daran, dass man in einem Gespräch nie alle Fäden selbst in der Hand hält.

Selbst-gespräche…

Wenn man daran scheitert, einen Server aufzusetzen, dann kann man das in einer Welt, die nur aus einem selbst und dem betroffenen Server besteht, mit sich selbst klären. Man kann sich vorwerfen, nicht die ausreichende Fachkompetenz zu haben; man kann sich vorwerfen am Vorabend zu spät ins Bett gegangen zu sein; man kann sich vorwerfen, die Aufgabe komplett unterschätzt zu haben und mit ein wenig Humor lacht man sich selbst für die gemachten Fehler aus. Danach fängt man von vorne an. Im Selbstgespräch sind wir meist ziemlich tolerant was Anklagen angeht und ehrlich gegenüber unseren Fehlern.

…gibt es leider nur in einer perfekten Welt

Wie aber sieht es aus, wenn zu unserer perfekten Welt eine zweite Person hinzukommt? Das kommt in der realen Arbeitswelt ja (leider) häufig vor. Gehen wir zusätzlich davon aus, alle der im letzten Absatz beispielhaft genannten Umstände träfen vollumfänglich zu. Gehen wir also davon aus, dass unsere Fachkompetenz wirklich nicht ausreicht, wir am Vorabend tatsächlich zu spät ins Bett gegangen sind und wir die Aufgabe auch schlicht unterschätzt haben. Jetzt kommt die zweite Person – sagen wir mal unser Projektleiter – und konfrontiert uns mit dieser Realität. Er wirft uns vor, dass unsere Fachkompetenz für die Aufgabe nicht ausreiche, wir verschlafen seien und sowieso vorher den Mund viel zu voll genommen hätten. Dann lacht er uns aus. Sicher würden keine 5 % den Chef anschauen und ebenfalls lachend sagen: *„Ja Chef, so is' es. Da haben sie aber echt voll ins Schwarze getroffen. Krass, oder?"*

Reale Eskalation

Nun sind wir ja in der realen Welt auch nicht nur zu zweit, sondern meist sind wir viel mehr Menschen. Spielen Sie die gleiche Situation kurz gedanklich unter der folgenden Prämisse durch: Sie haben ihren Arbeitsplatz inmitten eines Großraumbüros mit 100 Mitarbeitern und das Gespräch findet dort statt. In der realen Welt kann ein zweiminütiges Gespräch einen Scherbenhaufen anrichten, der unter Umständen gar nicht mehr wieder aufzuräumen ist.

Vorbereitung ist unerlässlich

Ausgehend von diesen Überlegungen können wir nur zu der Erkenntnis gelangen, dass jedes Gespräch einer angemessenen Vorbereitung bedarf. Die entscheidende Frage ist also nicht, ob man ein Gespräch vorbereiten muss, sondern was angemessen ist. So schwierig diese Frage auf den ersten Blick wirkt, so leicht ist sie im Grunde doch zu beantworten. Warum? Weil wir die Zukunft nicht vorhersehen können. Das heißt, dass wir nicht alle Eventualitäten gedanklich vorwegnehmen und bis ins kleinste Detail planen müssen. Es reicht häufig, den wahrscheinlichen Gesprächsverlauf zuvor gedanklich durchzuspielen. Um im Beispiel unseres Gesprächs mit dem Projetleiter zu bleiben bedeutet das, dass unsere erste Aufgabe als Projektleiter daraus besteht, vorherzusehen, dass ein Gespräch über den gerissenen Server-Meilenstein eskalieren könnte, wenn wir über die mangelnde Fachkompetenz, das Schlafdefizit und die große Klappe unseres Projektmitarbeiters im Beisein aller Kollegen im Großraumbüro sprechen werden.

In der Vorbereitung eines Gesprächs geht es also letztlich darum, die passenden Rahmenbedingungen zu schaffen und den Ablauf des Gesprächs kurz gedanklich durchzugehen. Sie wissen vielleicht aus eigener Erfahrung, wie unangenehm man sich fühlt, wenn einem das Thema erst zu Beginn des Gesprächs mitgeteilt wird. Geben Sie Ihrem Gegenüber also auch die Möglichkeit sich vorzubereiten, indem Sie ihm das Gesprächsthema vorher mitteilen und fordern Sie Informationen zu Gesprächen an, zu denen Sie eingeladen werden.

Petra ist sauer, weil Frank sie nicht richtig über das wichtige Team Meeting informiert hat (vgl. Fallbeispiel 8). Als sie ihn am nächsten Tag auf dem Flur trifft fragt sie: „Hi Frank. Ich würde gerne noch einmal mit Dir über die Sache mit dem Team-Meeting sprechen, das ich verpasst habe. Ich finde wir müssen uns da zukünftig besser abstimmen. Hast Du nachher kurz fünf Minuten? Dann komme ich kurz in Dein Büro."
Frank ist einverstanden.

Petra hätte Frank auch direkt auf dem Flur eine Antwort abverlangen können und er hätte sicher auch irgendetwas geantwortet. Seine Antwort wäre aber sicher unüberlegt und aus dem Bauch heraus gekommen. So kann sich eben nicht nur Petra auf das Gespräch vorbereiten, sondern auch Frank. Wenn er Zeit hat darüber nachzudenken, fällt ihm vielleicht von selbst auf, dass nicht alles so optimal gelaufen ist und Petra kann das Thema ganz ohne Vorwurf mit Frank besprechen.

Rahmenbedingungen und Ablauf

Fallbeispiel 9: Petra bittet zum Gespräch

5.2.2.2   Gespräch

Bei der Vorbereitung eines Gesprächs geht es also darum, den Ablauf kurz gedanklich durchzugehen. Wie sieht also ein solcher idealtypischer Ablauf eines Gesprächs aus? Es hat sich bewährt das Gespräch in fünf Phasen einzuteilen, die wir im Abschnitt zur Konfliktpipeline noch einmal genauer analysieren werden:

1. Anfang
2. Einstieg in das Gespräch (Information)
3. Dialog (Argumentation)
4. Lösungssuche (Beschluss)
5. Beendigung

Anfang und Einstieg in das Gespräch

Zu Beginn jedes Gesprächs sollte sichergestellt werden, dass allen Teilnehmern bewusst ist, dass es überhaupt ein Gespräch gibt – denken Sie an Fallbeispiel 8. Zwischen Tür und Angel sollte man daher kurz um Aufmerksamkeit bitten und in einer größeren Gesprächsgruppe heißt der Gesprächsleiter alle Teilnehmer herzlich willkommen. Im Kleinen wie im Großen erzeugt diese *„Startsequenz"* Aufmerksamkeit, bevor die eigentliche initiale Information übermittelt wird, um ins Gespräch einzusteigen.

Keine Einbahnstraße

Dieses Gesprächsmodell geht von einer gleichberechtigten Kommunikation auf Augenhöhe aus. Selbst wenn man in einer Autoritätsposition ist, zahlt es sich aus, als kooperativer Gesprächspartner wahrgenommen zu werden. Daher sollte kein Gespräch eine reine Einbahnstraße sein – ihr wichtigster Bestandteil ist daher auch der Dialog, also der Austausch zwischen den Gesprächsteilnehmern.

Schweigen ist Zustimmung?

Was aber tun, wenn Ihr Gegenüber nichts sagt? Sollte man ein Schweigen als Zustimmung werten, wie das häufig getan wird? Auch hier hilft uns Fallbeispiel 8 weiter: Natürlich wäre es besser gewesen, wenn Frank nachgefragt hätte, ob Petra ihn erstens verstanden hat und zweitens, ob sie mit der Information einverstanden ist. Nicht, dass Frank an der Team-Besprechung etwas hätte ändern können, aber er ist als Team-Mitglied mitverantwortlich, dass die Kommunikation erfolgreich läuft und man gemeinsam feststellt, wenn es irgendwo hakt. Wer so kommuniziert und integrativ auf alle Teammitglieder einwirkt, wird als Freelancer für das Team seines Kunden besonders wertvoll – und das nicht nur aufgrund besonderer technischer Fertigkeiten.

Fallbeispiel 10:
Frank wird
hellhörig

Nachdem Frank und Petra sich ausgesprochen haben, läuft es nun besser im Flurfunk. Als Frank sie einige Tage später an der Tür über ein eilig anberaumtes Teammeeting informiert, macht er alles richtig: „Hallo Petra, hast Du kurz eine Sekunde?"

„Ja, klar", antwortet Petra.

„Heute Nachmittag 15:00 Uhr Team-Besprechung."

„Hmmm, ja", antwortet Petra.

Hier hatte Frank zufrieden abziehen können. Er will die Dialog-Phase allerdings nicht zu kurz kommen lassen. Er hat den Verdacht, dass Petra mit dem Termin Schwierigkeiten hat: „Ist der Termin schlecht für dich?"

„Ja, eigentlich schon. Ich habe da eine Telko mit den Wirtschaftsprüfern. Aber die sage ich dann einfach ab."

Frank wird hellhörig: „Au weh. Gut, dass ich nachgefragt habe! Der Chef hatte gerade ziemlich Stress mit denen, weil die sich von uns zu wenig unterstützt fühlen, weil wir immer wieder kurzfristig Meetings absagen würden. Er hatte ihnen versprochen, dass das zukünftig nicht mehr vorkomme. Darüber wollte er ja mit uns sprechen. Am besten sprichst Du ihn nochmal direkt an und fragst, wie Du Dich verhalten sollst."

Petra freut sich über den Hinweis: „Na super. Da wäre ich ja direkt wieder ins Fettnäpfchen getreten, wenn ich die Telko abgesagt hätte. Danke für den Hinweis. Ich werde ihn gleich anrufen."

„Ja. So machen wir es. Manchmal lohnt es sich eben doch, mehr miteinander zu reden", erwidert Frank und Petra nickt zustimmend, während sie den Hörer in die Hand nimmt.

In diesem Fallbeispiel haben Frank und Petra alles richtig gemacht und sind alle fünf Phasen eines Gesprächs durchgegangen. Nach dem Start hat Frank die initiale Information übermittelt und dann die Dialogphase eingeleitet. Nach der Lösungsfindung hat er sich noch kurz Zeit genommen, das Gespräch mit einem netten Wort abzuschließen.

Gesprächsende
nutzen

Gerade die Beendigung eines Gesprächs bietet die Möglichkeit sozial zu Punkten und Soft Skills zu beweisen. Inhaltlich ist hier ja schon alles gelaufen und im Grunde könnte man auch nichts mehr sagen. Frank war aber bewusst, dass Petra sich in der Vergangenheit einer ähnlichen Situation übergangen fühlte und das hat er im Abschlusssatz noch einmal mit positiver Prognose aufgegriffen.

Alle Phasen
nutzen

Jede Phase des idealtypischen Gesprächsverlaufs ist wichtig und stärkt die soziale Beziehung zu Kollegen, Kunden und Mitarbeitern. Auch wenn sie zunächst nicht so wichtig für den zu kommunizierenden Inhalt sind, so unterstützen sie die Kommunikation insgesamt, ohne dass man sich dabei viel anstrengen muss.

5.2.2.3 Exkurs: Du-Botschaften vermeiden

Vielleicht haben Sie schon einmal von den im Allgemeinen verpönten Du-Botschaften gehört:

> ⇒   „Du bist immer so…"
> ⇒   „Du hast schon wieder…"
> ⇒   „Dein Verhalten ist…"

In Verruf geraten sind sie als Träger negativer Kritik oder als Anweisung. *„Du musst das machen. Das ist Deine Aufgabe"*, hört sich für die meisten Menschen konfrontativer an, als die alternative Ich-Botschaft: *„Ich brauche hierbei Unterstützung. Leider kann ich das selbst nicht so gut."*

Effektivität der
Ich-Botschaften

Ich-Botschaften hören sich nicht nur besser an, Sie erhalten auch kaum eine negative Bewertung des Gesprächspartners oder eine abschließende Aufforderung zu einem bestimmten Verhalten. Dadurch sind sie viel besser geeignet, in einen Dialog einzusteigen und vor allem verletzen Sie die Beziehung zwischen den Gesprächspartnern nicht. Sie sind so ein sanfteres Kommunikationsmittel und fördern höchstwahrscheinlich die Bereitschaft, sich zu ändern beziehungsweise etwas Bestimmtes zu tun.

Innere Sicherheit

Es ist allerdings nicht damit getan, einen Satz einfach mit dem Wort *„ich"* anzufangen, wenn man Du-Botschaften vermeiden möchte. Ich-Botschaftern sagen im Gegensatz zu den Du-Botschaften etwas darüber aus, was der Sender fühlt oder wie ihn ein bestimmtes Verhalten berührt. Durch diese Offenbarung von Gefühlen und Empfindungen verlangen Ich-Botschaften einiges an innerer Sicherheit ab. Sie beinhalten jedoch auch die Chance, dass im Gespräch eine echte zwischenmenschliche Beziehung entsteht. Während Du-Botschaften sich auf die Sache konzentrieren, sind die Ich-Botschaften die sozialkompetente Umformulierung. Es bedarf einiges an Selbstbeobachtung und Übung, will man die Du-Botschaften aus der eigenen Kommunikation verbannen. Das gilt im Besonderen für IT-Professionals, bei denen gewohnheitsmäßig die Sache im Vordergrund steht. Man möchte ja nicht klingen, wie in einem Seminar für antiautoritäre Erziehung: *„Tom-Henrik, das verletzt schon meine Gefühle, wenn Du unser Sofa mit dem Messer zerfledderst."*

Wir müssen uns natürlich auch nicht verbiegen, oder es gar übertreiben. Wir hatten bereits in den vorhergehenden Kapiteln besprochen, dass auch Authentizität ein wichtiges Gut ist, das es zu verteidigen gilt. Dabei müssen wir darauf achten, nicht ins Fassadenhafte abzurutschen. Gerade vor schwierigen Gesprächen sollten wir prüfen, ob wir bei Dingen, die wir dringend ansprechen wollen, nicht mit Ich-Botschaften effizienter zum Ziel kommen können.

Authentisch bleiben

5.2.2.4 Nachbereitung

Sind damit alle Punkte besprochen, die zu einem konstruktiven Gespräch führen? Reicht es aus sich gut vorzubereiten und anschließend das Gespräch hinter sich zu bringen? Natürlich nicht – wer sich kontinuierlich weiterentwickeln und verbessern will, der muss stets reflektieren, ob Planung und Gesprächsverlauf zueinander gepasst haben. Auch hier muss man es nicht übertreiben und darf sich die Nachbereitung nicht als schriftliche Ausarbeitung zum Flurgespräch vorstellen.

Es kommt vielmehr darauf an, sich kurz zu überlegen, warum ein Gespräch gut oder schlecht gelaufen ist. Hierzu gehört bei negativem Gesprächsverlauf die Frage, ob man sich überhaupt vorbereitet hatte, oder ob man unvorbereitet ins Unglück gestürzt ist.

War ich richtig vorbereitet?

In Fallbeispiel 8 geht es für Frank darum, sich zu fragen, ob er das Gespräch nicht auch mit ein wenig mehr Engagement hätte besser hinbekommen können, so dass die zu überbringende Nachricht auch bei Petra angekommen wäre.

Die Beantwortung dieser Frage ist für ihn gleichzeitig die Vorbereitung für das anberaumte Gespräch aus Fallbeispiel 9. Aufgrund des Klärungsgesprächs mit Petra ist er in Fallbeispiel 10 dann gut vorbereitet und das Gespräch läuft wie geplant. Frank kann sich als Nachbereitung ruhig auf die eigene Schulter klopfen

Nach dem Gespräch ist vor dem Gespräch

und sich vornehmen, künftig so weiterzumachen. Die Nachbereitung des einen Gesprächs wird so stets zur Vorbereitung des nächsten.

5.2.3 Wirksame Fragetechnik

Wer fragt,
der führt

„Wer fragt, der führt", lautet das kurze Motto von geschulten Fragestellern. In der Langversion bedeutet es, dass man mit einer wirksamen Fragetechnik die Initiative im Gespräch übernimmt, um dem Gespräch nach den eigenen Zielen eine bestimmte Richtung zu geben. Je größer das Repertoire an anwendbaren Frageformen desto kleiner ist die Gefahr, bei einem schwierigen Gespräch in einer Endlosschleife hängen zu bleiben. Geübte Fragesteller brechen solche Situationen auf, indem sie dem Gespräch durch eine Frage eine neue Richtung geben und so auf ein Ergebnis hinarbeiten.

Fallbeispiel 11:
Frank hat keine
Lieblingsfarbe

Petra und Frank unterhalten sich in der Pause über Lieblingsfarben. Es geht um ein Geschenk, dass Frank zum Geburtstag bekommen soll. Daher kann Petra aber nicht so direkt fragen. Frank behauptet er habe keine Lieblingsfarbe: „Es gibt so viele Farben, wie soll man sich da entscheiden", meint er.

Diese Antwort hilft Petra natürlich nicht weiter. Sie hakt nach: „Willst Du Dich etwa um eine Antwort drücken?"

„Nein. Ich habe nur keine Lieblingsfarbe", erwidert Frank.

„OK, wenn ich Dir jetzt eines von drei identischen Autos schenken würde, eines blau, eines rot und eines grün. Welches würdest Du nehmen?"

„Blau", antwortet Frank knapp.

„Also ist blau deine Lieblingsfarbe, oder?"

„Nein."

„Warum würdest Du sonst blau wählen?"

„Wegen des Wiederverkaufswerts. Ich würde das Auto verkaufen und nicht selbst behalten."

„Und bei einem Pullover? Wie sieht es da aus? Welche von den drei Farben bevorzugst Du da?"

„Da vielleicht eher grün", sagt Frank.

„Ein Pullover ist ja vielleicht persönlicher. Könnte man dann eventuell sagen, grün wäre Dir persönlich am liebsten?"

„Ja, das kann schon sein", antwortet Frank weiterhin knapp und leicht genervt.

„Was würde Deine Frau sagen, wenn ich sie nach Deiner Lieblingsfarbe fragen würde?"

„Grün", antwortet Frank.

„Da hätten wir schon zwei Punkte für grün", antwortet Petra zufrieden und lässt es damit erst mal auf sich beruhen. In den nächsten Tagen wird sie mit weiteren gezielten Fragen der Antwort nach Franks Lieblingsfarbe näher kommen.

Wir sind in diesem trivialen Fallbeispiel einer ganzen Reihe von Frageformen begegnet, mit denen wir ein Gespräch steuern können. Petra hat zu Beginn eine Angriffsfrage angewendet um Druck aufzubauen und anschließend eine Alternativfrage nachgeschoben. Danach hat sie mit einer Antwortfrage konkret nachgehakt, ob blau Franks Lieblingsfarbe sei. Hierbei enthält die Frage zugleich die Antwort. Als diese mit Nein beantwortet wird, hakt Petra mit einer Anschlussfrage nach, ob das Nein auch ernst gemeint war. Danach versucht sie eine abgewandelte Alternativfrage. Danach wird Frank mit einer Suggestivfrage zu einer Antwort gedrängt. Danach wechselt Petra die Person und stellt eine zirkuläre Frage, die im Konjunktiv danach fragt, was eine Person aus Franks Umfeld fragen würde.

Fragen über Fragen

Man findet in der Literatur ungezählte solche Frageformen, die sich je nach ihrem Ziel oder ihrem inneren Bezug unterscheiden. Wir wollen uns an dieser Stelle nicht in einer möglichst vollständigen Aufzählung verlieren.

Ungezählte Frageformen

In der Kommunikationspsychologie unterscheidet man vier Fragetechniken:

Vier Fragetechniken

⇒ Lineare Fragen
⇒ Zirkuläre Fragen
⇒ Strategische Fragen
⇒ Reflexive Fragen

Lineare Fragen

Lineare Fragen sind sozusagen die harmloseste Variante ohne Hintergedanken. Sie dienen der Orientierung des Fragestellers und erwarten als Antwort die Übertragung einer Information:

> *Wie viel Uhr ist es? Kommen Sie morgen um 15:00 Uhr zu der Besprechung? Wer hat dieses Konzept geschrieben?*

Zirkuläre Fragen

Bei den zirkulären Fragen handelt es sich bereits um die erste ernst zu nehmende Fragetechnik. Falls man vom Befragten auf eine lineare Frage keine Antwort bekommt, kann man die Frage in den Konjunktiv umformulieren und sich dabei auf das Umfeld des Befragten beziehen:

> *Was würde wohl der Chef sagen, wenn man ihn fragte?*

Strategische Fragen

Während lineare und zirkuläre Fragen noch so formuliert sind, dass der Befragte in seiner Antwort frei ist, beinhalten strategische Fragen zumindest bereits die Richtung in die die Antwort gehen soll, oder geben diese sogar schon vor. Sie können suggestiv oder gar manipulierend sein und sollen darauf einwirken, den Befragten von seiner eigentlichen Antwortabsicht abzuhalten. Daher sind suggestive und manipulative Fragen nicht so gerne gesehen:

> *Die Bonuszahlungen hängen auch vom Projekterfolg ab. Meint ihr, wir schaffen es die Meilensteine zu halten? Du bist doch sicher auch der Meinung, dass wir hier ein Problem haben? Das ist doch nicht dein Ernst, dass du den Projektstatus auf rot setzen willst?*

Reflexive Fragen

Besser geeignet sind die reflexiven Fragen, die auch im Konjunktiv formuliert werden, den Befragten aber zum gedanklichen Experimentieren einladen sollen. Sie sollen die Selbstbeobachtung anregen und eine gedankliche Bewegung unterstützen:

> *Was müsste ich in Zukunft anders machen, damit wir besser zusammenarbeiten können? Was für einen Unterschied würde es machen, wenn wir mehr Personal hätten?*

Mit Fragetechniken ist es wie mit Fremdsprachen: Man kann sich viel Theorie zu einer Sprache aneignen, richtig lernen kann man sie nur, indem man sie anwendet und regelmäßig übt. Es geht hier darum, richtiges Fragen als ein beinahe unverzichtbares Soft Skill zu verstehen. In diesem Zusammenhang besteht richtiges Fragen nicht aus möglichst vielen bekannten Frageformen, sondern aus der Erkenntnis, die gleiche Frage nie mehrfach nacheinander zu stellen, sondern sie immer und immer wieder umzuformulieren, in Teilfragen zu zerlegen oder durch die Fragen die Perspektive auf die eigentliche Frage zu wechseln. Ebenso wichtig ist es, den Zeitpunkt nicht zu verpassen, an dem man beginnen muss, durch gezielte Fragen die Führung zu übernehmen und einem schleppenden Gespräch dadurch neue Impulse einzuhauchen.

Durch Fragen die Initiative übernehmen

Hierbei ist es durch die richtige Frage tatsächlich möglich, ein Gespräch anzukurbeln oder eher einzudämmen. Man unterscheidet dann zwischen offenen oder öffnenden und geschlossenen oder schließenden Fragen.

Offen oder geschlossen?

Bei offenen Fragen hat der Befragte das größte Antwortspektrum. Sie zielen darauf ab, die Wünsche und Meinungen des Gesprächspartners kennenzulernen. Offene Fragen ermöglichen eine Vielzahl von Antwortmöglichkeiten und laden zu einem ebenso offenen Gespräch ein:

Offene Fragen

> *Wessen Idee war das? Wofür benötigen wir mehr Personal? Was ist der Vorteil dieses Produkts? Warum denken Sie, dass das Projekt scheitern wird? Wie sollen wir Ihrer Meinung nach jetzt vorgehen?*

Das funktioniert natürlich nur, wenn der Gesprächspartner auch Interesse am Gespräch hat. Im beruflichen Alltag müssen jedoch auch häufig Gespräche geführt werden, bei denen dieses Interesse nicht vorhanden oder zumindest schwach ausgeprägt ist. Oder man hat es mit einem sogenannten Vielredner zu tun, der sich bei offenen Fragen in ausufernden Antworten verliert oder es fehlt schlicht die Zeit, sich auf lange Antworten einzulassen. Dann gilt es, das Gespräch mit geschlossenen Fragen einzudämmen.

Geschlossene Fragen geben die Richtung, in die eine Antwort gehen kann, bereits vor. Am häufigsten sind geschlossene Fragen, deren Antwort ja oder nein lauten kann:

Geschlossene Fragen

> *Soll ich sie morgen 5 Minuten vor der Besprechung abholen?*
> *Haben sie Herrn Müller gestern gesehen? Sind wir in diesem*
> *Punkt einer Meinung?*

Man spricht allerdings nicht nur von geschlossenen Fragen, wenn diese mit Ja oder Nein zu beantworten sind. Sie können eine Antwortmöglichkeit auch in Form von Alternativen vorgeben:

> *Machen wir die Besprechung morgen um 15:00 Uhr oder*
> *besser um 16:00 Uhr? Kommen sie selbst oder schicken sie*
> *ihren Vertreter?*

Reflektierende Fragen

Neben diesen Fragen, die eine Entscheidung herbeiführen sollen, kann man sich mit reflektierenden, geschlossenen Fragen bei seinem gegenüber auch rückversichern, ob man alles richtig verstanden hat:

> *Das Budget ist bereits anderweitig verplant, sagen sie?*
> *Ihnen ist also vor allem die Stabilität der Systeme wichtig?*

Paraphrasierung

Man kann auf diese Art und Weise auch einen kompletten Sachverhalt in eigenen Worten wiedergeben und so nachfragen, ob man alles richtig verstanden habe. Man spricht dann von einer Paraphrasierung. Hierbei kann man durch ergänzen und korrigieren auch Einfluss auf den inhaltlichen Gesprächsverlauf nehmen:

> *Hab ich dich bezüglich des weiteren Vorgehens im Projekt*
> *richtig verstanden, dass …? Gebe ich sie richtig wieder,*
> *wenn ich verkürzt sagen würde, dass …?*

Verbalisierung

Eine weitere wichtige Form der geschlossenen Frage zielt auf den emotionalen Gehalt einer Aussage hin. Hierdurch kann man prüfen, ob man neben dem Sachinhalt eines Gesprächs auch dessen emotionale Komponente verstanden hat:

> *Du hast also Angst, bei der ganzen Sache zum Sündenbock*
> *gemacht zu werden? Du fühlst dich also übergangen?*

5.2.1   Gespräche via Mail, Social Network und Instant Messaging

Xing, LinkedIn, Facebook, twitter, privater E-Mail-Account und dienstlicher, WhatsApp, Threema, Windows oder Notes Messanger und viele mehr. Neben den *„normalen"* Gesprächen von Angesicht zu Angesicht, gibt es mittlerweile unzählige weitere Kommunikationskanäle, auf die man gerade als Freelancer nicht verzichten kann.

Während man als fest angestellter Mitarbeiter eines Unternehmens noch einigermaßen zwischen dienstlicher und privater Kommunikation unterscheiden kann, ist das als Selbstständiger kaum noch möglich. Dienstlich ist, was die Kunden und potentielle Auftraggeber nutzen. Wenn der Kunde via WhatsApp kommunizieren möchte, dann ist WhatsApp eben dienstlich, selbst wenn dagegen Sicherheitsbedenken sprechen – der Kunde ist König und er bestimmt, über welches Medium kommuniziert wird.

Auf der einen Seite ist es durch diese vielfältigen Kommunikationsmöglichkeiten heute viel einfacher Kontakt zu halten und miteinander zu kommunizieren. Auf der anderen Seite wird es dadurch allerdings auch um einiges schwieriger den Überblick zu behalten. Man beginnt ein Gespräch über XING, führt es über Mail fort, steigt um auf SMS oder WhatsApp, findet sich danach bei Facebook und schreibt sich im Messenger, um danach auch via Threema und LinkedIn in Kontakt zu treten. Wenn man bei dieser Anzahl von Medienbrüchen ein Gespräch nachvollziehen will, kann da schon mal etwas unter den Tisch fallen.

Eine weitere Schwierigkeit ist es, dass man in der elektronischen Kommunikation Nachrichten sendet und sie erst zeitversetzt empfangen werden. Das unterscheidet sie deutlich von der alten, analogen Kommunikation, bei der Senden und Empfangen zeitgleich passieren. Dadurch bekommen wir zunächst kein Feedback des Empfängers. Die Wichtigkeit des Feedbacks hatten wir in den vorhergehenden Abschnitten jedoch besonders betont. Das gilt nicht nur, wenn wir in der Rolle des Senders sind und eine Antwort erwarten, sondern auch, wenn wir der Empfänger sind.

Wir leben in einer Zeit, in der man sich bereits nach wenigen Tagen für eine verspätete Antwort entschuldigt, selbst wenn das Thema an sich nicht eilig war. Teenager verfallen in Panik, wenn eine Nachricht gelesen, aber nicht unverzüglich, wenigstens per Emoticon beantwortet wird.

Persönlicher Kontakt im Internet-Zeitalter

Der Kunde bestimmt

Problematische Medienbrüche

Nachrichten ohne Zuhörer

Digitale Höflichkeit

Während im „*analogen*" Kontakt jedem klar ist, dass es unhöflich ist, nicht zu antworten, ist das im „digitalen" Miteinander längst nicht so klar. Wurde man als kleines Kind von jemandem angesprochen, brachten einem die Eltern bei, Hallo zu sagen und zu antworten. Beim Empfangen der ersten E-Mails stand niemand daneben, der uns hätte Tipps geben können. Aber: Im „analogen" Kontakt wird man auch nicht so häufig ungefragt und bei jeder unpassenden Gelegenheit angesprochen.

Fundamentale Unterschiede

Sender und Empfänger befinden sich bei der digitalen Kommunikation in unterschiedlichen Situationen. Diesen Sachverhalt decken die Kommunikationsmodelle der Vergangenheit nicht ab. Wenn man ein Gespräch von Angesicht zu Angesicht führt, befinden sich die Gesprächspartner grundsätzlich im gleichen räumlichen und zeitlichen Umfeld und sind in direktem Kontakt. Das ist in der digitalen Welt fundamental anders.

Bürokommunikation in den 90ern

Versucht man die heutige digitale Kommunikation auf ein Bürogebäude der 90er zu übertragen, entsteht ein unwirkliches Bild. Personen laufen aneinander vorbei. Einige Personen sagen einen Satz, oder drücken scheinbar wahllos Leuten Akten in die Hand, selbst wenn die schon kaum noch laufen können, so viele Akten haben sie auf dem Arm. Einige Personen öffnen Bürotüren, sagen einen Satz und verschwinden ohne eine Antwort abzuwarten, selbst dann, wenn in dem Büro gerade fünf Personen eine Besprechung führen. Eigentlich antwortet keiner den Personen, die eine Kommunikation starten. So geht die Tür zur Besprechung immer wieder auf und irgendwer sagt irgendwas. Manchmal einfach nur: „*Haaaaallooo? Bekomme ich vielleicht mal eine Antwort?*" Bumm. Tür wieder zu. Während die Besprechung wegen der ganzen Störungen nicht so ganz in Gang kommen will, sitzt in einem anderen Büro ein Mitarbeiter, der per Fax die ganzen Zurufe beantwortet, die er morgens auf dem Weg ins Büro „*eingesammelt*" hat. Danach malt er ein lustiges Bild auf ein Blatt Papier, kopiert es 500 Mal und verteilt es an alle Mitarbeiter der Firma. Danach setzt er sich an seinen Schreibtisch und schreibt all seinen Verwanden und Bekannten eine Postkarte: „*Totlangweilig. Hoffentlich ist bald Freitag.*" Firmenbriefmarken drauf und ab in die Post. Was dieses Bürogebäude aus den 90ern in ein völlig unproduktives Chaos verwandelt hätte, ist heute nicht mal mehr der sprichwörtliche „*alltägliche Wahnsinn*", sondern schlicht und ergreifend Realität – selbst in produktiven Unternehmen.

Die heutige digitale Kommunikation ist in vielerlei Hinsicht aus dem Zusammenhang gerissen und sie wird vor allem von den Sendern bestimmt. Sender müssen nicht warten, bis ihr Gegenüber ein Ohr hat – sie können direkt durchstarten. Dadurch wird die Kommunikation unpersönlicher. Nun soll es in diesem Buch nicht darum gehen, diese neue Art der Kommunikation zu analysieren oder umfangreich zu beschreiben. Es geht hier nur um die Frage, wie man als Freelancer in dieser Kommunikationssituation als angenehmer und verlässlicher Gesprächspartner wahrgenommen wird, den man gerne auch für das nächste Projekt beauftragt.

Das Beste draus machen

Wir müssen uns diese Frage als Sender und als Empfänger digitaler Nachrichten beantworten. Während die Verantwortung in der alten, analogen Kommunikation hauptsächlich beim Sender der Nachricht liegt, so liegt sie im digitalen Dialog auch beim Empfänger. Wenn uns jemand eine kurze Frage stellt, ist es nicht mehr nur seine Aufgabe, zu erkennen, dass wir gerade mit etwas anderem beschäftigt sind. Während das in dem Bürogebäude der 90er noch möglich war, ist es das heute häufig nicht mehr. Der Sender der Nachricht kann weder erkennen, dass wir momentan in einer Besprechung sitzen, wenn er eine Kommunikation mit uns startet, noch kann er erkennen, dass wir aktuell einen Berg voll Akten auf dem Schreibtisch haben oder derzeit im Urlaub sind und nicht so schnell dazu kommen werden, zu antworten.

Als Sender und Empfänger gefragt

Wir müssen uns also auf allen möglichen Kommunikationskanälen auch als Empfänger von Nachrichten fit machen. Das machen wir nach dem gleichen Muster wie in den vorhergehenden Abschnitten. An die Stelle des Gesprächs tritt allerdings die Nachricht:

Vorbereitung, Gespräch, Nachbereitung

⇒   Vorbereitung
⇒   Nachricht
⇒   Nachbereitung

Die wichtigste Aufgabe als Empfänger von digitalen Nachrichten ist es, sich für mögliche Nachrichten richtig vorzubereiten. Sie haben auf der vorherigen Seite beim Stichwort Urlaub sicher spontan an einen Abwesenheitsagenten für das E-Mailpostfach gedacht und liegen damit genau richtig.

Besonders wichtig: Vorbereitung

Genau darum geht es – aber eben nicht nur für E-Mails. Wenn Sie Ihren LinkedIn-Account nur selten nutzen, dann sollte das auf dem Profil ersichtlich sein mit einem Verweis auf eine besser geeignete Kommunikationsmöglichkeit. Gut vorbereitet können Sie die Kommunikation auch systematisch kanalisieren. Lassen Sie

Werden Sie verlässlicher Empfänger

sich per Mail über neue Nachrichten in einem bestimmten Sozialen Netzwerk informieren und antworten Sie mit einer vorbereiteten Nachricht, wie Sie besser zu erreichen sind. Was für Soziale Netze gilt, gilt auch für alle sonstigen Kommunikationsmöglichkeiten: Bereiten Sie sich vor und werden Sie verlässlicher Empfänger. So bieten alle aktuellen Smartphones die Möglichkeit per vorbereiteter SMS zu antworten, wenn man telefonisch nicht zu erreichen ist. Zu einer guten Vorbereitung auf die Aufgabe als Empfänger digitaler Nachrichten gehört es, diese Nachrichten an die persönlichen Bedürfnisse anpassen und zu nutzen. Oder erstellen Sie für Ihren Mail-Account einen Auto-Responder, wenn Sie gerade *„Land unter"* haben. Schildern Sie die Situation, verweisen Sie für bestimmte Sachverhalte auf einen Kollegen und bieten Sie eine alternative Kontaktmöglichkeit für besonders dringende Fälle an. Kurz: Holen Sie das Maximum aus ihren Kommunikationsmöglichkeiten.

Übersicht der Kommunikationsmöglichkeit

Damit Sie nichts vergessen, sollten Sie sich zunächst eine Übersicht der Kommunikationsmöglichkeiten erstellen, über die Sie erreichbar sind. Denken Sie dabei besonders an die folgenden Punkte:

⇒   Name der Kommunikationsmöglichkeit
⇒   Art der Nachricht (Web-Postfach, Chat, Mail-Account, ...)
    o   E-Mail-Benachrichtigung aktivierbar?
⇒   Gewünschtes Kommunikationsmittel?
    o   Hinweis auf andere Kommunikationsmöglichkeit möglich? (z. B. als Hinweis im Profil)
⇒   Kontakt zu welchen wichtigen Kunden und Partnern?
⇒   Auto-Responder und Muster-Antworten konfigurierbar?
    o   Gegebenenfalls Mustertexte bereithalten

Pragmatisch vorgehen

Auch hierbei gilt, dass man diese Überlegungen nicht künstlich verkomplizieren sollte. Wenn ich mir allerdings überlege, wie häufig ich in der Vergangenheit z. B. Projektvermittlern immer wieder von neuem die gleiche Antwort getippt habe, wird mir ganz anders: *„Sehr geehrte Frau xy, ... vielen Dank ... aktuell nicht verfügbar ... freue mich auch in Zukunft ... weitere Anfragen ... frühestens verfügbar ... usw.",* Sie kennen das. Oder noch schlimmer: Kontakte bestätigen in Sozialen Netzwerken: *„Freue ich mich sehr ... willkommen in meinem Netzwerk ... usw."*

Nachricht auf Abruf

Wenn die Zeit dann einmal knapp ist, fallen die Antworten schon mal kürzer aus, als vielleicht gut ist oder sie fallen sogar ganz aus.

Das gleiche passiert jeden Tag auf allen Kommunikationskanälen. Das kann man mit einem Tag Arbeit vermeiden und zukünftig als verlässlicher Empfänger von Nachrichten in Erscheinung treten, indem man gerade für häufig wiederkehrende Situationen freundliche Mustertexte formuliert. Man spart dadurch wertvolle Zeit für stressigere Tage. Im Gegensatz zur Kommunikation von Angesicht zu Angesicht kann man so fast die vollständige Nachricht planen und bei Bedarf abrufen.

Wie sieht die Nachbereitung von Gesprächen via Mail, Social Network und Instant Messenges aus? Auch hier ist man als Empfänger einer Nachricht gefragt und auch das lässt sich vorbereiten. Nachbereitung heißt im Fall digitaler Kommunikation häufig nicht mehr als in Kontakt zu bleiben. Häufig werden die Nachrichten als Chat-Verlauf dargestellt und man kann ziemlich genau feststellen, ob und wem man noch eine Antwort schuldig ist, oder ob man als verlässlicher Empfänger von Nachrichten in Erscheinung getreten ist. Für die wichtigsten Kommunikationsmittel sollte man den Nachrichteneingang regelmäßig auf verwaiste Kommunikationsbeziehungen prüfen – gerade, wenn es sich um wichtige Kontakte handelt.

Nachbereitung?

Auch in der digitalen Kommunikation spielt es eine wichtige Rolle, die richtigen Fragen zu stellen. In der digitalen Kommunikation gehen Fragen allerdings ganz gerne mal unter. Selten antworten Kommunikationspartner auf alle Fragen, die in einer Mail enthalten sind. Während im direkten Gespräch Frage und Antwort wechseln, enthalten Mails und Co. häufig mehrere Fragen nacheinander. Als Fragesteller sollten wir daher bezüglich der Textgliederung darauf achten, dass unsere Fragen eindeutig zu erkennen sind: *„Ich habe drei Fragen ... Frage 1: ... Frage 2: ... Frage 3: ..."* Als verlässlicher Empfänger einer Nachricht sollten wir für jede Nachricht noch einmal durchgehen, ob wir auch alle Fragen beantwortet haben, damit wir Rückfragen vermeiden.

Stichwort Fragetechnik

5.3 Konflikte[8]

Bisher haben wir uns mit Gesprächssituationen befasst, in denen alles positiv verlaufen ist. Wir haben sogar gesehen, wie wir den Verlauf eines Gesprächs nach unseren Vorstellungen beeinflussen können. Nun werden aber natürlich nicht plötzlich alle Mitmenschen nach unserer Pfeife tanzen, nur weil wir uns ein wenig mit den richtigen Fragetechniken auseinandergesetzt haben. Natürlich werden wir früher oder später auch in Gesprächssituationen kommen, in denen verschiedene Interessen sich nicht mehr so leicht miteinander vereinen lassen.

Abbildung 17:
Konfliktsituation:
Ein Akteur
beeinträchtigt die
Interessen des
anderen[9]

Kommen wir also zu Beginn dieses Abschnitts zu der Frage, was eigentlich Konflikte sind. Unzählige Bücher wurden bereits über Konflikte geschrieben und man könnte meinen, dass diese Frage hinlänglich geklärt sei. Sind sie einfach eine Form des Streits? Was macht Konflikte aus? Ab wann kann man von einem Konflikt

---

[8]   Abschnitt 5.3 orientiert sich an verschiedenen Abschnitten aus meinem Buch Konfliktmanagement für Sicherheitsprofis - Auswege aus der Buhmann-Falle für IT-Sicherheitsbeauftragte, Datenschützer und Co. 2., erw. und überarb. Aufl. Springer Vieweg, Wiesbaden 2015, ISBN 978-3-8348-1686-3

[9]   Nach einer Zeichnung von Klaus Puth in: Regina Mahlmann; Konflikte managen: Psychologische Grundlagen, Modelle und Fallstudien; 2001; Beltz; ISBN 9783407363893; Seite 76 ☞

sprechen und wann ist man stattdessen zweierlei Meinung? All diesen Fragen werden wir nun auf den Grund gehen.

Bevor man eine Meinungsverschiedenheit als Konflikt bezeichnet, müssen einige Voraussetzungen erfüllt sein. Auch wenn in der Literatur unterschiedliche Definitionen und Herangehensweisen anzutreffen sind, so lassen sich diese doch alle auf einen gemeinsamen Nenner bringen, der hier vorgestellt werden soll. Konflikte drehen sich immer um eine gewisse Anzahl voneinander abhängiger Personen, deren gegensätzliche Interessen und den Willen diese durchzusetzen. Die im Folgenden genannte Definition soll die Grundlage für die hier gemachten Überlegungen bilden:

Der gemeinsame Nenner

> **Definition 4: Konflikte**
> *Man spricht von einem Konflikt, wenn eine Interaktion zwischen mindestens zwei Akteuren die folgenden Merkmale aufweist[10]:*
> - *Mindestens ein Akteur empfindet, vermutet oder erfährt eine Beeinträchtigung…*
> - *…bei der Verwirklichung seiner Interessen.*
> - *Trotz einer empfundenen Abhängigkeit vom anderen Akteur…*
> - *…ist er bemüht, die Beeinträchtigung zu beseitigen bzw. seine Interessen durchzusetzen.*

Im Zentrum von Konflikten stehen also die Interessen von Akteuren und die Art und Weise, wie sie sich bei deren Verwirklichung gegenseitig im Weg stehen. Diese Sichtweise auf einen Konflikt kommt unseren bisherigen Ergebnissen entgegen, haben wir diesen Zusammenhang doch schon bei den Problemfeldern unter den Stichworten *Ziele* und *Zwänge* näher betrachtet.

Und wieder: Ziele und Zwänge

5.3.1   Konfliktprävention

Vorbeugen ist besser als Heilen – das wusste schon Hippokrates. Heutzutage wird man auch in vielfältigen Situationen präventiv tätig. Prävention ist ein beliebtes Modewort. Das rührt daher, dass es die Benennung eines klaren Ziels erspart. Man weiß zwar noch nicht ganz wohin, aber man weiß wohin nicht. Das Wort liefert

---

[10]   Regina Mahlmann; Konflikte managen: Psychologische Grundlagen, Modelle und Fallstudien; 2001; Beltz; ISBN 9783407363893; Seite 18 ☞

quasi den gemeinsamen Feind, den kleinsten gemeinsamen Nenner, eben das, was vermieden werden soll.

Konflikten vorbeugen?

In der Medizin ist der Ansatz schon etwas älter. Aus der Formel *„Vorbeugen ist besser als Heilen"* wird kurzerhand die Krankheitsprävention. Und so werden wir in der heutigen Zeit gegen allerlei Dinge präventiv tätig. Das ist auch mit Konflikten nicht anders. Aber lässt sich die Formel *„Vorbeugen ist besser als Heilen"* so einfach ins Konfliktvokabular übertragen? Wie steht es mit der Konfliktprävention? Wie würde Hippokrates' Formel da lauten? Vorbeugen ist besser als Bewältigen? Da stellt sich natürlich die Frage, ob es wirklich besser ist, Konflikte vorzubeugen, ihnen also aus dem Weg zu gehen, oder ob es besser ist, sie zu bewältigen. Wir wollen unter anderem dieser These im Folgenden auf den Grund gehen.

Abbildung 18: Vorbeugen statt Heilen

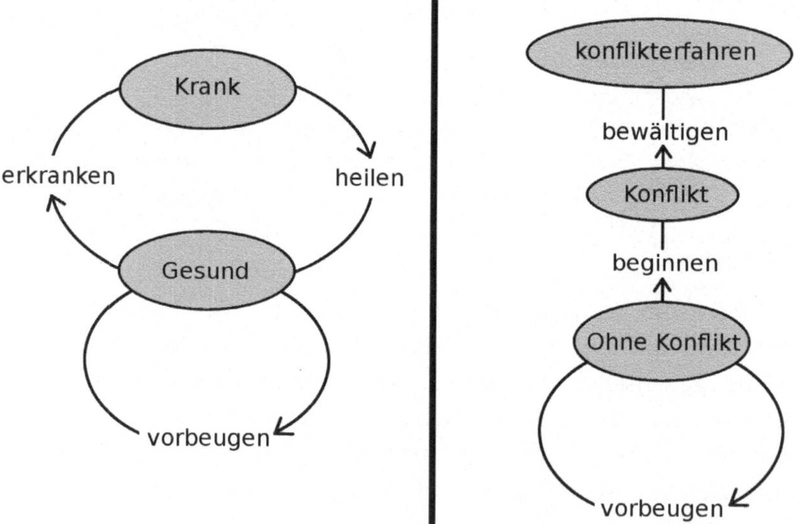

Ziel bereits erreicht

Wer das Wort Prävention benutzt, stellt gleichzeitig eine These auf. Im Fall der Konfliktprävention lautet diese: Es gibt zwei Wege, die von einem Ausgangspunkt zu einem Ziel führen. Der eine Weg geht über einen Konflikt und dessen Bewältigung zum Ziel; der andere Weg geht ohne einen Konflikt mehr oder weniger direkt zu dem Ziel. In der Formel *„Vorbeugen ist besser als Heilen"* sind Ausgangspunkt und Ziel gleich: Ein gesunder Mensch. Vorbeugen bedeutet also bereits am Ziel zu sein, und dort zu bleiben (vgl. Abbildung 18).

Ganz so einfach ist es aber auch bei Krankheiten nicht: Nehmen Sie das Beispiel einer ansteckenden Krankheit, vor der man sich nicht durch eine Impfung schützen kann. Wenn man die Erkrankung jedoch einmal durchstanden hat, ist man immun. Die zwei Wege Vorbeugen und Heilen haben ein unterschiedliches Ziel. Man kann die beiden Wege daher kaum miteinander vergleichen. Unter Umständen ist das Vorbeugen sogar so aufwändig, dass es einfacher ist die Erkrankung einmal über sich ergehen zu lassen, um dann ein für alle Mal Ruhe zu haben.

Augen zu und durch

Bei Konflikten aber sind Ausgangspunkt und Ziel nie gleich. Ein Konflikt hinterlässt bei den betroffenen immer Spuren und beeinflusst ihr zukünftiges Verhalten. Vorbeugen im medizinischen Sinn bedeutet in vielen Fällen Aufschieben. Man kann eine Erkältung durch vorbeugende Maßnahmen nicht gänzlich ausschließen. Man kann sie aber aufschieben, indem man sich im Winter wärmer anzieht. Zieht man sich nicht mehr wärmer an, erkältet man sich sehr wahrscheinlich.

Nicht ohne Spuren

Der Hippokrates-Ausspruch wird zu: Verschieben ist besser als Heilen. Die These, die im Raum steht, wenn man von Konfliktprävention spricht, lautet: Verschieben ist besser als Bewältigen. In dieser Formulierung trifft das auf Konflikte leider nicht zu! Im Gegenteil, es gibt Konflikte, die sind unausweichlich und nötig: Im Rahmen der Team-Bildung werden Phasen durchlaufen, in denen Konflikte und deren Bewältigung eine wichtige Rolle spielen.[11] Ohne diese Konflikte kann die Entwicklung nicht weitergehen. Die zwei Wege Vorbeugen und Heilen haben in diesem Fall also zwei völlig voneinander verschiedene Ziele.

Konflikte besser verschieben?

Bevor man sich also entscheidet, konfliktpräventiv tätig zu werden, muss man sich fragen: Ist es sinnvoll, den Konflikt zu vermeiden, oder sollte man besser versuchen, auf seinen Verlauf Einfluss zu nehmen?

5.3.2   Konfliktpräventive Kommunikation

Wie so oft im Leben gibt es nicht nur schwarz und weiß. Daher gibt es auch Konflikte, deren Vermeidung durchaus in Betracht gezogen werden sollte. Neben den unvermeidlichen Konflikten, in

Der Ton macht die Musik

---

[11]   Hedwig Kellner; Projekte konfliktfrei führen: Wie Sie ein erfolgreiches Team aufbauen; 2000; Hanser; ISBN 9783446214910; Seite 146 ☞

deren Verlauf alle Beteiligten wachsen, gibt es nämlich auch
solche, die ganz sicher ohne Nutzen sind. Sie entspringen nicht der
Sache selbst, sondern dem Gespräch darüber. Der Konflikt ist dann
kein Konflikt zur Sache mehr, sondern einer über die Art wie man
ihn austrägt. Kurz gesagt: Der Ton macht die Musik und genau der
muss angepasst werden, wenn man diese unnützen Konflikte
vermeiden will.

5.3.2.1 Vier Anforderungen

Um die eigenen Aussagen, unter der Forderung nach konfliktpräventiver Kommunikation in die richtige Tonspur zu bringen, muss
man zunächst einige Gedanken zu gängigen Schwierigkeiten
machen, die dabei auftreten, den richtigen Ton zu finden. Hierfür
gibt es vier Anforderungen an konfliktpräventive Kommunikation,
mit denen wir uns in den nächsten Absätzen beschäftigen wollen.

Anforderung 1: Klarheit

In vielen Streitgesprächen fällt irgendwann der Satz: *„Was ist
eigentlich Dein Problem?"* Dieser Satz kommt üblicherweise nicht zu
Beginn des Gesprächs, sondern leider erst viel zu spät, wenn
zumindest klar ist, dass nichts klar ist. Sich klar auszudrücken ist
die erste Anforderung der gesunden Konfliktprävention. Was klar
ist und was nicht, bestimmt in jedem Fall der Empfänger einer
Nachricht. Es hilft in einem konkreten Gespräch gar nichts, wenn
man sich zwar objektiv klar ausgedrückt hat, subjektiv aber nicht
verstanden worden ist.

Abbildung 19: Das Sender-Empfänger-Problem

Weniger ist oft mehr

Wenn man einem Projektmitarbeiter in einer stundenlangen
Marathon-Sitzung alle Projektunterlagen und Meilensteinpläne in

glasklarem deutsch präsentiert, werden diese trotzdem in einem trüben Brei verschwimmen, wenn nicht *klar* gemacht wurde, worauf es ankommt. Klarheit entsteht in diesem Fall durch eine Begrenzung auf das Wesentliche. Wesentlich ist, was im Moment wichtig ist. Für ein neues Teammitglied ist am ersten Tag etwas anderes wichtig, als in einem Monats-Jour-Fixe .

Sich auf das Wesentliche zu beschränken, sich also knapp auszudrücken, ist daher ebenso wichtig, wie sich klar auszudrücken. Diese Forderung ist jedoch nicht leicht zu erfüllen, verlangt sie doch eine Auswahl zu treffen. Man muss sich also auf den Gesprächspartner einstellen und diese Auswahl für ihn übernehmen.

Anforderung 2: Knappheit

Nicht nur bei der Auswahl der wesentlichen Informationen muss man sich auf sein Gegenüber einstellen. Auch die Art, wie man ein Thema kommuniziert, muss treffend sein. Dabei ist nicht entscheidend, ob objektiv richtig kommuniziert wird. Entscheidend ist der Empfänger der Nachricht und daher gilt: Eine Kommunikation muss für den Empfänger der Nachricht *subjektiv* treffend sein. Gerade IT-ler überfordern ihre Gesprächspartner schon mal gerne mit technischen Details und IT-Kauderwelsch.

Anforderung 3: Subjektiv treffend

Abbildung 20: Jedem Publikum das Seine

Das Rosinenkuchenmodell von Joseph John Thomson ist ein Atommodell aus dem Jahre 1903. Es liegt sicher meilenweit daneben, wenn man damit seine Theorien auf dem jährlichen Workshop der Atomphysiker am Max-Planck-Institut untermauern möchte. Wenn man jedoch zum ersten Mal erklären will, dass

Atome nicht atomar sind, sondern Elektronen enthalten, leistet es auch heute noch gute Dienste.

Anforderung 4:
Wertfreiheit

Bisher haben wir also die drei Anforderungen klar, knapp und treffend. Für eine konfliktpräventive Kommunikation ist es jedoch noch wichtiger, nicht zu werten. Wir sollten immer versuchen so zu kommunizieren, dass wir keine Wertungen aussprechen. Um Missverständnissen vorzubeugen: Ein Projekt in den Sand zu setzen ist schlecht und davon verschont zu bleiben ist gut; Nicht eingehaltene Terminvorgaben sind schlecht und sich an Termine zu halten ist gut. Das ist mit wertfrei nicht gemeint. Es geht darum keine persönliche Wertung vorzunehmen. Jemand ist kein schlechterer Mensch, wenn er sich nicht an Termine hält. Gerissene Termine sind einfach schlecht für den Fortgang des Projekts. Wichtig ist der Sachbezug.

Klar, treffend,
knapp und
wertfrei

Damit haben wir die vier Anforderungen benannt. Ihnen sollte jede Kommunikation gerecht werden, wenn man unnötige Konflikte vermeiden will, die zustande kommen, weil man nicht den richtigen Ton trifft.

Sich klar, treffend, knapp und wertfrei auszudrücken ist für uns Freelancer der Grundstein für einen Arbeitsalltag, der frei von unnützen Konflikten ist. Im Sinne von Hippokrates könnte man sagen: Klar, treffend, knapp und wertfrei zu kommunizieren ist auf dieselbe Art präventiv, wie sich im Winter warm anzuziehen. Ein Konflikt, der entsteht, weil man sich unklar oder wertend ausgedrückt hat, ist genauso unnütz wie eine Erkältung.

5.3.2.2 Drei Ebenen konstruktiver Kommunikation

Konstruktivität

Eine zusätzliche Anforderung an konfliktpräventive Kommunikation ist es, konstruktiv[12] zu kommunizieren. Diese Anforderung überspannt die vier anderen Grundsätze und wird in drei Ebenen gegliedert (vgl. Abbildung 21).

---

[12] Anne Dieter, Leo Montada, Annedore Schulze (Hrsg.); Gerechtigkeit im Konfliktmanagement und in der Mediation; 2000; Campus Verlag; Seite 122 ▷

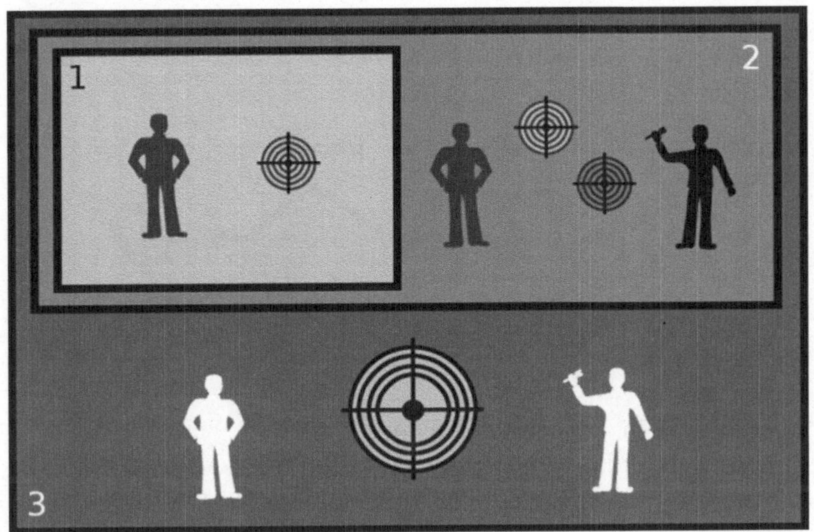

Abbildung 21:
Die drei Ebenen
konstruktiver
Kommunikation

1. Nehmen wir zur Verdeutlichung die folgende Aussage: *„Mein Problem ist, dass Sie meinen Zielen im Weg stehen und ich einen Weg suchen werde, diese Störung abzustellen."* Nach allem, was wir bisher wissen, ist dieser Satz klar, treffend, knapp und wertfrei. Noch ist der Satz aber alles andere als dazu geeignet, einen Konflikt zu vermeiden. Im Moment gibt es in der Aussage scheinbar nur eine Person, die legitime Ziele hat.

2. Zweifellos kann man konstruktiver werden, wenn man den Zielen der zweiten Person Raum gibt: *„Mein Problem ist, dass ich meine Ziele nicht verfolgen kann, weil Sie ein Ziel verfolgen, das meinem entgegensteht. Ich werde jedoch einen Weg suchen, diese Störung abzustellen."* So hört es sich bereits deutlich besser an. Die Ziele der zweiten Person werden nun ebenfalls beachtet.

3. Es geht aber noch konstruktiver, wenn man ein gemeinsames Ziel definiert: *„Wir haben ein gemeinsames Problem, weil wir zur Zeit keine Idee haben, wie wir unsere gegensätzlich erscheinenden Ziele weitgehend vereinen können. Wir werden jedoch einen Weg suchen, das zu erreichen."* In dieser Form sind alle Forderungen nach konfliktpräventiver Kommunikation erfüllt und die Aussage führt nicht in eine wenig konstruktive Sackgasse.

5.3.2.3   Die Kommunikationskrone

In Abbildung 22 sind alle in den vorherigen Abschnitten erarbeiteten Bestandteile der konfliktpräventiven Kommunikation als

Krone dargestellt. Diese bildet die Grundlage unserer Bemühungen, unnötige Konflikte zu vermeiden.

Abbildung 22:
Die Kommunika-
tionskrone

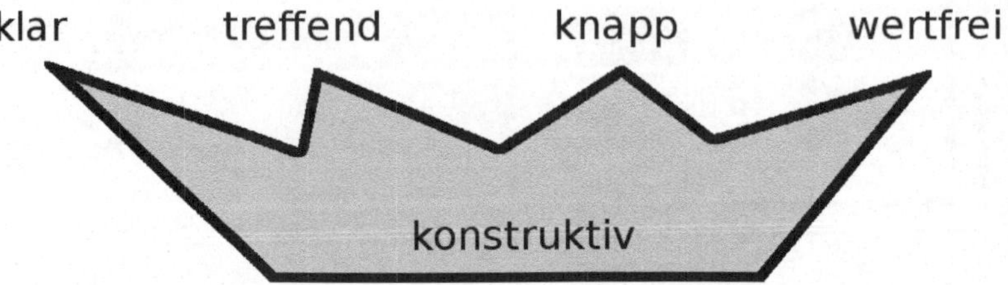

Aber auch in unvermeidlichen Konflikten sind sprachliche Mindeststandards die Voraussetzung für Deeskalation. Konflikte dürfen nicht so ausgetragen werden, dass die Beteiligten nicht mehr zusammenarbeiten können. Wir müssen also noch einige weitere Voraussetzungen erarbeiten, um unser kommunikatives Handwerkszeug für Konflikte zu vervollständigen.

5.3.2.4 Eskalation in Konflikten vermeiden

Wir hatten bereits festgestellt, dass Konflikte an sich nichts Schlechtes sein müssen und wir hatten festgehalten, dass wir unnötige Konflikte durch die falsche Art sich auszudrücken vermeiden wollen. Vielfach geht es bei der Prävention von Konflikten nicht darum, sie auf unbestimmte Zeit aufzuschieben, sondern die Konfliktamplitude zu senken und die Konfliktdauer zu verkürzen, um den unangenehmen Teil des Konflikts so auf möglichst kurzem Weg hinter sich zu bringen.

Impfung möglich   Diese Art von Prävention ähnelt einer Impfung: Man wird zwar mit dem Krankheitserreger infiziert, aber in abgeschwächter Form. Es empfiehlt sich also auf dem Weg durch die unvermeidlichen Konflikte strukturiert und planvoll vorzugehen. Der Konflikt sollte gerade auf dem Level auszutragen werden, das nötig ist. Die unnötige Eskalation muss ebenso verhindert werden, wie eine unnötige zeitliche Ausdehnung des Konflikts.

Abbildung 23 zeigt unter anderem diese vermeidbaren Konfliktanteile. Wir wollen uns im Folgenden eine Methode erarbeiten, mit der wir das Verständnis für diese Anteile schärfen können, um sie zukünftig möglichst vermeiden zu können.

Zunächst gibt es in jedem Konflikt einen Anfang und ein Ende, also einen Zustand, vor dem Konflikt und einen Zustand nach dem Konflikt.

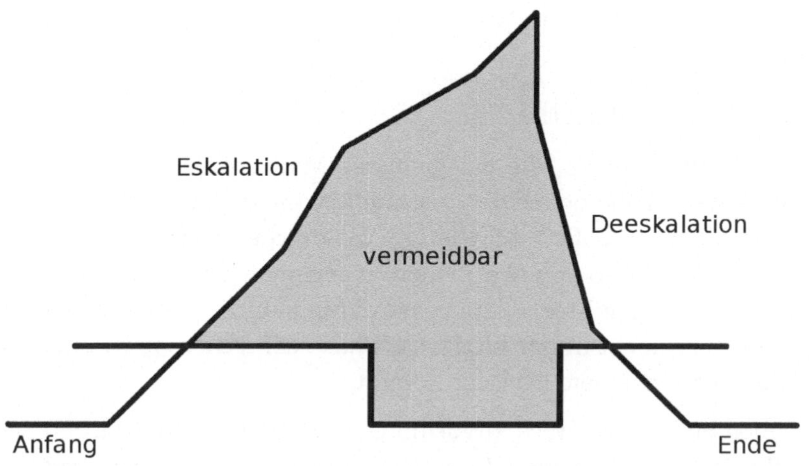

Abbildung 23: Vermeidbare Konfliktanteile

Der Einstieg in den Konflikt ist dadurch gegeben, dass mindestens zwei Akteure ihre Interessen darlegen und sich zeigt, dass sie einander entgegenstehen und die Akteure auf die Durchsetzung ihrer Interessen bestehen.

Einstieg

In einem unkontrollierten Konflikt kann dieser an sich harmlose Informationsaustausch auf sehr unterschiedliche Art und Weise eskalieren. Der in der Abbildung gezeigte Kurvenverlauf ist also nicht zwingend und kann von Fall zu Fall anders aussehen.

Eskalation

Soll der Konflikt überwunden werden, folgt auf die Eskalation des Konflikts eine Phase der Deeskalation, die schließlich mit einer Lösung endet. In unkontrollierten Konflikten ist es durchaus denkbar, dass ein zeitweise abgeflauter Konflikt, erneut aufflammt und sich schlimmstenfalls dauerhaft hinzieht. Sie haben sicherlich von teilweise jahrzehntelang dauernden Nachbarschaftsstreitigkeiten gehört, die auch durch Gerichtsbeschlüsse nicht beizulegen sind.

Deeskalation

Dabei sollte man nicht nur die Eskalationsspitzen vermeiden, sondern ab und an auch mal eine Pause einlegen und den berühmten Gang zurückschalten. Nach einer überschlafenen Nacht sieht man Konflikte vom Vortag oft viel nüchterner und ist dann leichter bereit sich auf eine Lösung und das Beilegen des Konflikts zu einigen.

Pausen tun gut

Konflikte
gehören dazu

Man sollte sich von der Hoffnung trennen, ohne Konflikte auszukommen. Die Aufgabe besteht also darin, die Konflikte zu gestalten und richtig anzugehen. Dafür sollten Sie ein möglichst großes Set an Werkzeugen zur Verfügung haben, da in der Praxis nicht alles funktioniert, was sich in der Theorie noch gut angehört hat.

5.3.2.5 Konfliktpipeline

Alle Konfliktanteile, die ein gewisses Maß übersteigen und eine unnötige Eskalation beinhalten, sollten umschifft werden. Dazu sollte man potentiell schwierige Gespräche vorher gedanklich durchspielen und in etwa planen, wann man über was sprechen möchte. Ein gewisser Zeitplan ist dafür natürlich unumgänglich, damit man nicht in der hitzigsten Phase abbrechen muss und am Ende nicht zu einem Konsens kommt.

Idealtypischer
Ablauf

Gehen Sie Ihr Gespräch zuvor im Geiste durch und versuchen Sie dabei auch die Position Ihres Gegenübers abzuschätzen und zu berücksichtigen. Es empfiehlt sich nach dem folgenden idealtypischen Ablauf vorzugehen:

1. Anfang
2. Gesprächseinstieg (Information)
3. Dialog (Argumentation)
4. Lösungssuche (Beschluss)
5. Beendigung

Auch bei der besten Planung lässt sich nicht jedes Problem mit nur einem Gespräch klären. Dann muss die Lösungssuche vertagt werden, auch wenn es schwer fällt. Es muss in jedem Fall vermieden werden, dass in so einer Situation vorschnelle Lösungen auf den Tisch kommen, die nicht von allen Gesprächsteilnehmern mitgetragen werden. Das beendet zwar meist das Gespräch, nicht jedoch den Konflikt. Halbherzig akzeptierte Lösungen werden bald wieder in Frage gestellt.

Gespräch ohne
Lösung

Ein Gespräch ohne Lösung des Problems zu beenden, ist schwer zu ertragen – insbesondere für Führungskräfte und Entscheider. Daher ist es wichtig schwierige Gespräche nur dann zu beginnen, wenn man damit Aussicht auf Erfolg hat und ein Vertagen zumindest in der Planung auszuschließen. Teilen Sie ein besonders konfliktträchtiges Thema lieber in portionsgerechte Happen und gehen Sie Schritt für Schritt vor.

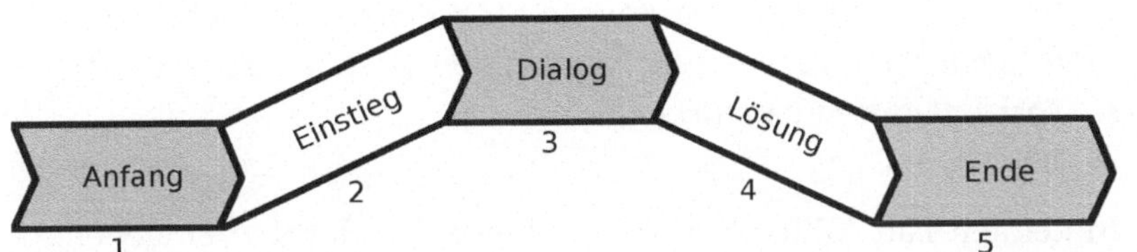

Abbildung 24:
Die Konflikt-
pipeline[13]

Im Folgenden wird der idealtypische Ablauf eines Gesprächs mit Hilfe der Konfliktpipeline in geregelte Bahnen geleitet. Die Konfliktpipeline ist in fünf Abschnitte eingeteilt, die den Konflikt parallel der unvermeidbaren Konfliktanteile aus Abbildung 23 entlang leitet.

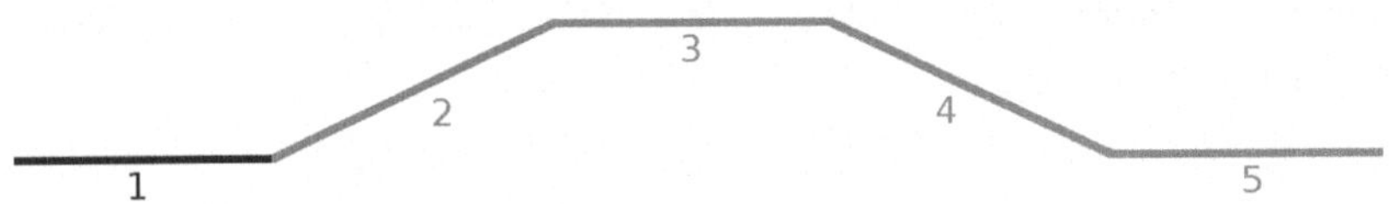

Abbildung 25:
Abschnitt 1:
Der Anfang

Im ersten Streckenabschnitt geht es darum, die Gesprächspartner auf das Gespräch innerlich und äußerlich vorzubereiten. Dazu muss neben dem eigentlichen Gesprächsthema der äußere Rahmen geklärt werden. Woher kommen die Gesprächspartner? Haben sie gerade ein anstrengendes Meeting hinter sich? Wenn sich Ihr Gesprächspartner gerade eben über die IT-Abteilung geärgert hat, ist es sicher keine gute Idee mit ihm über zusätzliche Einschränkungen durch bevorstehende Testaktivitäten im nächsten Quartal zu sprechen, bevor nicht der aktuelle Ärger über die IT-ler aus dem Kopf ist.

Abschnitt 1

Wichtig ist in diesem Abschnitt auch, einen angenehmen Gesprächsrahmen zu schaffen. Das gilt zum einen äußerlich – also keine Störungen durch Telefon, E-Mail o. Ä. – und zum andern innerlich. Unter Umständen müssen Sie dazu gemeinsam gegen die IT-Abteilung wettern:

---

[13] In Anlehnung an Karl Benien; Schwierige Gespräche führen; 2007; rororo; ISBN 9783499614774; Seite 124 ff

> *„Wirklich schlimm, wenn die Server immer dann ausfallen, wenn man sie am nötigsten braucht. Ich kann Ihren Ärger sehr gut verstehen. Da könnte man einiges in Sachen Ausfallsicherheit verbessern. Wir wollen deshalb auch unsere Testaktivitäten verstärken."*

In keinem Fall sollten Sie ein Streitgespräch darüber eingehen, ob der Ärger überhaupt gerechtfertigt ist: Auf diesem Weg eskaliert das Gespräch, noch bevor ihr eigentliches Thema überhaupt im Raum steht.

Wenn schon vor dem Gespräch feststeht, dass es um ein *„geladenes"* Thema geht, sollten Sie einen gezwungenen Smalltalk über das Wetter oder das Wohlbefinden der Kinder lieber unterlassen. Diese netten Fragen könnten schnell als unehrlich verstanden werden, wenn Sie danach den Schwenk zum eigentlichen Streitpunkt machen.

**Abbildung 26:
Abschnitt 2:
Der Einstieg**

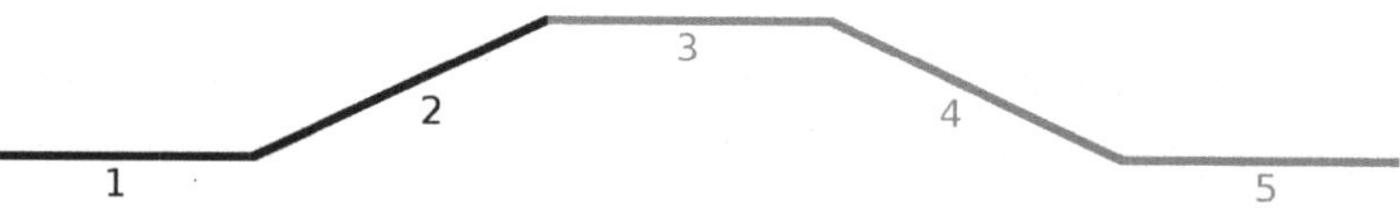

Abschnitt 2

Im zweiten Abschnitt der Konfliktpipeline müssen die Gesprächspartner ihren Standpunkt verdeutlichen, ohne jedoch schon in die Diskussion einzusteigen. Das beinhaltet, sich verständlich zu äußern und genau zuzuhören. Das ist allerdings häufig gar nicht so einfach. Ihre Gesprächspartner bringen eventuell gar nicht das Fachwissen mit, eine konstruktive Aussage auf Augenhöhe zu formulieren. Hier ist gezieltes Nachfragen nötig, ohne dabei schon zu bewerten, ob etwas geht oder nicht. Wir haben uns hiermit bereits im Abschnitt zu den Fragetechniken beschäftigt.

Sie müssen Ihr Gegenüber also dabei unterstützen sich verständlich auszudrücken. Vielleicht fragen Sie sich jetzt:

> *„Warum soll ich denn dem anderen auch noch dabei helfen, seine verbohrten, technisch unmöglichen und viel zu teuren Vorstellungen zu äußern?"*

Da es in diesem Abschnitt noch nicht darum geht die gemachten Aussagen zu diskutieren, liegt es in Ihrem eigenen Interesse, diese *verbohrten, technisch unmöglichen und viel zu teuren Vorstellungen* genau zu verstehen – dieses Wissen wird ihnen im 3. Abschnitt der Konfliktpipeline zugutekommen.

Bleibt noch die Frage: *„Wer fängt an?"* Den Einstieg ins Thema sollten als Initiator des Gesprächs Sie selbst suchen. Wenn Sie dem Gesprächspartner den Vortritt lassen, wird dieser eventuell unsicher und misstrauisch. Wenn Sie den thematischen Einstieg übernehmen, vermeiden Sie in jedem Fall, dass die Aussage Ihres Gegenübers zu sehr daneben liegt. So geben Sie bereits eine gewisse Richtung vor und es fällt leichter die Kontrolle über das Gespräch zu behalten.

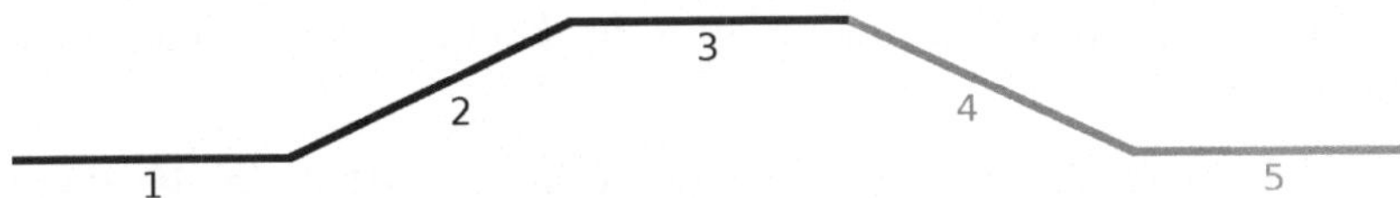

Abbildung 27:
Abschnitt 3:
Der Dialog

Die bisherigen Abschnitte der Konfliktpipeline waren nicht sonderlich schwer. Im dritten Abschnitt muss sie jedoch besonders stabil gebaut sein. Während im zweiten Abschnitt der Gesprächsdruck gestiegen ist, indem die Standpunkte ausgetauscht wurden, muss im dritten Abschnitt verhindert werden, dass sie mit immer eindringlicheren Worten bekräftigt oder endlos wiederholt werden. In Abbildung 23 waren das die grau hinterlegten unnötigen Konfliktanteile.

Abschnitt 3

Am besten startet man in den dritten Abschnitt mit dem Beispielsatz über die konstruktive Kommunikation von Seite 101:

> *„Wir haben ein gemeinsames Problem, weil wir zur Zeit keine Idee haben, wie wir unsere gegensätzlich erscheinenden Ziele weitgehend vereinen können. Wir werden jedoch einen Weg suchen, das zu erreichen."*

Diese Aussage beinhaltet die einzuschlagende Richtung für die Dialogphase. In diesem Teil des Gesprächs werden die Argumente ausgetauscht, nachdem vorher klar umrissen wurde, was der Konfliktgegenstand ist. Es reicht nicht aus, jeweils im Wechsel die eigene Position zu untermauern. Das würde nur der mittleren

Ebene konstruktiver Kommunikation entsprechen: Man kennt und akzeptiert zwar die Meinung des Gesprächspartners, ist aber nicht bereit nach einem gemeinsamen Weg zu suchen.

Dialog suchen

Im Dialog müssen sich die Gesprächspartner einander annähern, ohne ihre eigenen Ziele aufgeben zu müssen. Im Grunde ist das nichts anderes, als auf dem Wochenmarkt um den Preis für ein Kilo Äpfel zu feilschen. Der Händler nennt einen Betrag und Sie nennen natürlich einen viel niedrigeren. Wenn Sie sich immer wieder wechselseitig die beiden Beträge aufsagen, kommen Sie nicht weiter. Vielleicht will der Händler einfach einen bestimmten Gewinn mit dem Handel machen. Er schlägt Ihnen also vor, zwei Kilo Äpfel zu kaufen. Dafür kommt er Ihnen beim Kilopreis entgegen. Weil Ihnen das noch nicht reicht, sagen Sie, er müsse noch zwei Paprika obendrauf legen. Weil die Paprika ohnehin nicht mehr ganz so frisch sind, gibt der Händler wieder ein Stück nach usw.

Der Dialog findet also immer wechselseitig statt. Jeder ist dazu angehalten, die Aussagen des anderen mit einfließen zu lassen. Ist Ihr Gesprächspartner dazu nicht bereit, müssen Sie diesen Part mit übernehmen – ähnlich wie schon im zweiten Abschnitt der Konfliktpipeline. Wenn der Händler also auf seinem Preis beharrt, könnten Sie ihm vorschlagen, dass Sie zwei Kilo kaufen würden, wenn er im Preis nachgibt usw. Hier zahlt sich aus, ob Sie Ihrem Gegenüber im zweiten Abschnitt richtig zugehört haben. Nur wenn Sie den Standpunkt Ihres Gesprächspartners kennen, können Sie jetzt gut verhandeln. Je genauer er sich zu Beginn inhaltlich festlegen musste, je weniger kann er Ihnen jetzt ausweichen.

Abbildung 28:
Abschnitt 4:
Die Lösung

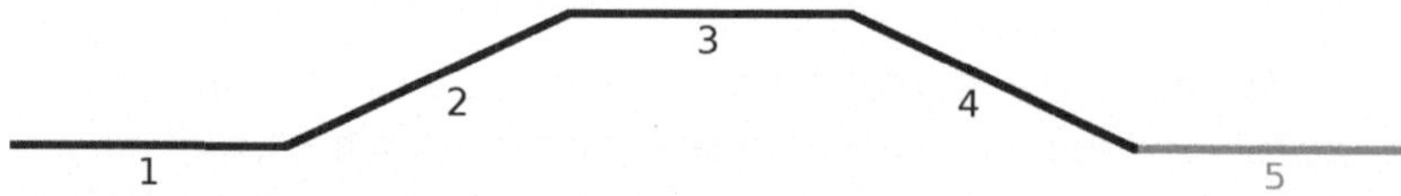

Abschnitt 4

Dialogphase (3.) und Lösungsphase (4.) sind nicht immer klar voneinander zu trennen. Umso verlockender kann es sein, zu einer schnellen Lösung zu kommen. Dabei besteht die Gefahr, dass die Beteiligten mit der übereilten Lösung im Nachhinein doch nicht so zufrieden sind, wie anfänglich angenommen. Deshalb müssen im vierten Abschnitt der Pipeline die bisherigen Ergebnisse verdichtet und rekapituliert werden, so dass jedem noch einmal vor Augen geführt wird, was die Lösung genau beinhaltet.

Auch wenn die Verlockung noch so groß ist, darf diese Phase nicht vernachlässigt werden. Ihr kommt eine ungeheure psychologische Bedeutung zu. Der unterdrückte Wunsch von heute ist der Vorwurf von morgen. Auch wenn es Ihnen gelingt Ihr Gegenüber einzulullen, Sie werden sich vermutlich nachträglich Ärger einhandeln.

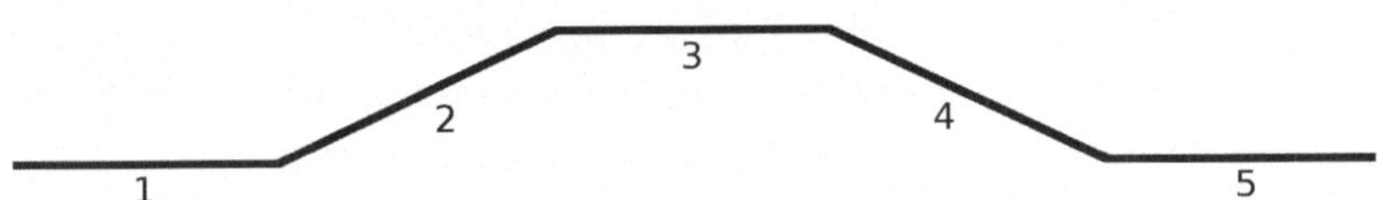

Abbildung 29:
Abschnitt 5:
Das Ende

Im fünften und letzten Abschnitt der Konfliktpipeline geht es darum, das Gespräch abzurunden. Gibt es noch offene „Reste" oder Impulse für andere Gespräche? Bei größeren Sachverhalten kann hier das weitere Vorgehen vereinbart werden. Wenn es sich um besonders strittige Themen gehandelt hat, kann man hier besprechen, wie man das Gespräch empfunden hat und ob es weiteres Verbesserungspotential gibt.

Abschnitt 5

5.3.1   Kritikgespräche

Der Kunde ist König heißt die Maxime jeder Dienstleistung. Darf der Kunde deshalb tun und lassen was er möchte? Ist er deshalb über jede Kritik erhaben? Natürlich nicht. Auch beim Kunden arbeiten ganz normale Menschen, und wo Menschen arbeiten, kann es Konflikte geben. Wie aber äußert man als Externer richtig Kritik, ohne die Kundenbeziehung zu gefährden?

Der Kunde ist König...

Zunächst einmal gehört hierzu die Erkenntnis, dass man sich auch in einem Kunden-Auftragnehmer-Verhältnis nicht alles gefallen lassen muss. Als IT-Freelancer gehört man zu den gefragten High-Potentials und kann auf Augenhöhe kommunizieren.

... aber auf Augenhöhe

Wer jedoch mit seinem gegenüber souverän auf Augenhöhe kommunizieren möchte, der muss sich zunächst klar über seine eigene Meinung sein. Das klingt in der Situation als Freelancer bei einem Kritikgespräch einfacher als es in Wirklichkeit ist. Auf der einen Seite gibt es in unserem inneren Team sicher jemanden, der gewisse kritische Punkte unbedingt und in aller Deutlichkeit

Streit im inneren Team

ansprechen möchte. Aber wahrscheinlich gibt es Gegenstimmen, die es sich mit dem Kunden nicht verscherzen wollen, oder solche, die Angst vor dessen Reaktion haben. Diese Unstimmigkeiten müssen unbedingt vor dem Kritikgespräch geklärt werden.

Kritik als Einladung

Natürlich ist es möglich, dass auch die sachlichste Kritik nicht zu der gewünschten Verhaltensänderung beim Gesprächspartner führt. Das ist allerdings nicht die einzige Funktion eines Konfliktgesprächs. Es geht häufig auch darum, aussprechen zu können, was wir auf dem Herzen haben. Ein Kritikgespräch kann daher auch nie mehr sein, als eine Einladung zu einer Veränderung. Ob der Gesprächspartner unseren Argumenten folgt und in der Folge sein Verhalten verändert, liegt nicht in unserer Macht.

Selbstklärung als Vorbereitung

Über die folgenden Punkte sollte man sich vor einem Kritikgespräch im Klaren sein:

⇒ Welcher Sachverhalt oder welches Verhalten ist Anlass des Gesprächs?

⇒ Wie stört der Sachverhalt die Zusammenarbeit oder was sind die Folgen des Verhaltens?

⇒ Was ärgert oder irritiert mich am Verhalten meines Gesprächspartners besonders?

Um persönliche Spannungen zu vermeiden, sollte sich die Kritik nie an Eigenschaften einer Person orientieren, sondern höchstens an deren Verhalten.

Blick in die Zukunft

Da es um eine Verhaltensänderung geht, muss man sich auch darüber im Klaren sein, worauf es in der Zukunft ankommt. Die folgenden Fragen sollte man sich stellen:

⇒ Welche Verhaltensänderungen halte ich für möglich?

⇒ Was kann ich selbst zu einer besseren Situation beitragen?

⇒ Was ist mein Ziel für das Gespräch?

König Kunde in den Mittelpunkt rücken

Kritikgesprächen zwischen Freelancer und dem Kunden haben einen besonderen Aspekt, der vor Allem als Chance zu betrachten ist. Egal, welchen Sachverhalt oder welche Verhaltensweise wir als störend empfinden, wir können immer unsere Hilfe anbieten, die Situation zu verbessern – ein Kritikgespräch bietet immer auch eine Akquisechance. Wenn man als Abteilungsleiterin mit einem Mitarbeiter ein Kritikgespräch führen muss, geht es ja wahrscheinlich darum, dass der Mitarbeiter seine Arbeit besser machen soll. Es ist keine Lösungsoption, dass die Chefin die Aufgabe zukünftig selbst erledigt. Als Freelancer gibt es diese Option allerdings sehr wohl. Natürlich kann man seinem Kunden anbieten, ihm eine Arbeit abzunehmen, mit deren aktueller Ausführung man nicht zufrieden ist. Daher sind für Freelancer auch die folgenden Fragen von Bedeutung:

⇒ Kann ich den störenden Sachverhalt beseitigen, indem ich eine bestimmte zusätzliche Aufgabe erledige?

⇒ Wie kann ich durch zusätzliche Unterstützung auf das störende Verhalten Einfluss nehmen?

Frank hat sich in letzter Zeit ein paar Mal über seinen Projektleiter geärgert, weil dieser in Mails an die Geschäftsleitung immer mal wieder Details zum Arbeitsplatzrollout falsch darstellt. Die Kommunikation nach oben erfolgt in dieser Sache meist auf Nachfrage, seit die GF sich seit Neuestem für dieses Thema interessiert. Wenn dann keine Zeit ist, gehen die Mails eben auch schon mal mit falschen Informationen raus. Frank erkennt die Chance.

Als interner Mitarbeiter würde er sich sicher denken: Soll der Chef das Problem mal selbst in den Griff bekommen, dafür wird er ja bezahlt – ich habe genug zu tun. Frank geht es anders an: „Ich werde dem Chef mal den Vorschlag machen, ihn bei der Kommunikation nach oben zu unterstützen. Dafür werde ich ja immerhin pro Stunde bezahlt."

Nachdem Frank im Kritikgespräch angesprochen hat, wo er Verbesserungspotential sieht, unterbreitet er den Vorschlag eine extra Folie zum Thema in die wöchentliche Projektpräsentation aufzunehmen, die Frank vorbereitet. So ist die GF immer informiert und der Projektleiter ist das unangenehme Thema los.

Fallbeispiel 12: Frank hilft dem Projektleiter

Eine Nachbereitung eines Kritikgesprächs ist dann sinnvoll, wenn man in dessen Nachgang ein schlechtes Gefühl hat, oder denkt, dass man sein Ziel nicht erreichen konnte. Dann geht es darum, das Gespräch noch einmal vor dem inneren Auge durchzugehen. Hierzu kann man das Gespräch anhand der vier Aspekte des Kommunikationsquadrats aus Abschnitt 4.3 analysieren und Anhaltspunkte suchen, was die Ursachen für das schlechte Gefühl sein könnten.

Nachbereitung

> ⇒ Sach-Ebene:
> *„Habe ich meinen Standpunkt verdeutlichen können und den Standpunkt meines Gesprächspartners begriffen? Haben sich die Standpunkte im Gespräch verändert?"*
> ⇒ Selbstkundgabe-Ebene:
> *„Was habe ich über mein Gesprächspartner Neues erfahren, was habe ich über mich selbst kundgegeben und was hat mir daran nicht gefallen?"*
> ⇒ Beziehungs-Ebene:
> *„Welche Auswirkungen hat das Gespräch auf unsere Beziehung? Welcher Angebote wurden unterbreitet und welche wurden abgelehnt? Ist der jetzige Stand der Beziehung zufrieden stellend?"*
> ⇒ Appell-Ebene:
> *„Habe ich meine Ziele verdeutlichen können und die Ziele meines Gesprächspartners begriffen? Bin ich mit den Zielen des Gesprächspartners zufrieden und haben sich meine eigenen Ziele dadurch im Gespräch verändert?"*

Die Chancen dominieren

Geht man als Freelancer ein Kritikgespräch richtig an, besteht nicht nur die Chance, den Sachverhalt positiv zu beeinflussen oder das als unangenehm empfundenes Verhalten zu verändern. Man hat darüber hinaus als Freelancer immer die Möglichkeit auf diesem Weg sein Geschäftsfeld beim Kunden zu erweitern und den unschönen Anlass ins Positive zu wenden. Geht man es richtig an, dominieren die mit dem Gespräch verbundenen Chancen über die damit einhergehenden Risiken.

5.3.2   Unzufriedene Kunden

Der Abschnitt zu den Kritikgesprächen ging davon aus, dass die Unzufriedenheit auf Seiten des Freelancers ist. Wie aber verhält es sich, wenn der Kunde unzufrieden ist und das Gespräch sucht, wenn er es überhaupt sucht. Unter Umständen merken wir von der Unzufriedenheit gar nichts, sondern werden einfach nicht weiter beauftragt. Diesem Ende müssen wir natürlich unter allen Umständen versuchen entgegenzuwirken.

Kritikgespräch selbst anregen

Die beste Möglichkeit ist es, die Sache proaktiv anzugehen und das Kritikgespräch selbst anzuregen, wobei man in Sachen Selbstvermarktung auch darauf achten muss, keine schlafenden Hunde zu wecken. Zusätzlich sollte man darauf achten, immer auch positive

Aspekte zu betonen. Je nach Laufzeit der Beauftragung empfiehlt es sich, dem Kunden die Möglichkeit zu geben, seiner Zufriedenheit mit der Zusammenarbeit Ausdruck zu verleihen. Hierbei kann man dann gezielt nachfragen, wo noch Verbesserungspotential besteht und welche weiteren Anforderungen beim Kunden bestehen. Auf diese Art enthält ein solches Gespräch meist mehr Chancen als Risiken, bietet es doch die Möglichkeit von Kunden direkt zu erfahren, wo der Schuh drückt.

Die Vorbereitung auf ein solches Kritikgespräch muss natürlich durch den Freelancer erfolgen. So kann man für eine Beauftragung einen Feedback-Bogen erstellen, auf dem der Kunde nach seiner Bewertung einzelner Aspekte der Zusammenarbeit gefragt wird. Ebenfalls sollte ein solcher Feedback-Bogen nach besonders positiven Aspekten Fragen und auch danach, wo die Anstrengungen intensiviert werden müssen. Einen solchen Feedback-Bogen kann man zur Bearbeitung an bestimmte Personen beim Kunden verteilen und darum bitten ihn auszufüllen, oder man kann ihn für sich selbst als Gedankenstütze und Gesprächsleitfaden verwenden.

Feedback-Bogen

Unzufriedene Kunden müssen Chefsache sein. Daher ist es besonders wichtig für das eigene Ein-Personen-Unternehmen als Chef die Verantwortung zu übernehmen und beim Kunden abzufragen, wie man die zukünftige Zusammenarbeit gestallten möchte, damit sie für alle Seiten ein Gewinn ist.

Selbst die Federführung übernehmen

Petra möchte wissen, wie es mit der Zufriedenheit der Example AG mit ihrer Arbeit aussieht. Hierzu entwirft sie einen Fragebogen zur Kundenzufriedenheit, den sie ihrem Projektleiter, der Leiterin des Einkaufs und den Teilprojektleitern zur Verfügung stellt, mit denen sie hauptsächlich zusammenarbeitet.

Fallbeispiel 13: Petras Qualitätskontrolle

<table>
<tr><td>

Fortsetzung von
Fallbeispiel 13

</td><td>

Was lief im letzten halben Jahr besonders gut? Wo sollten wir unverändert weiter machen?

____

Wo sind wir nicht wie geplant voran gekommen? Was sollte zukünftig verändert werden?

____

Wo haben wir bisher noch nicht zusammengearbeitet, sollten das aber zukünftig tun?

____

Haben Sie unabhängig von der direkten Zusammenarbeit mit Ihnen andere Verbesserungsvorschläge?

____

Beschreiben Sie auf eine Skala von 1 (gut) bis 5 (verbesserungswürdig) die folgenden Aspekte der Zusammenarbeit:

Fachkompetenz: 1 – 2 – 3 – 4 – 5

Welche Kenntnisse sollten besser sein? _______________

Termintreue: : 1 – 2 – 3 – 4 – 5

Wo wurde nicht rechtzeitig geliefert? _______________

Dokumentenqualität: 1 – 2 – 3 – 4 – 5

Wie können meine Dokumente besser werden? _________

usw.

Petra fragt bei den betroffenen Personen zuvor nach, ob sie Interesse haben, mit ihr daran zu arbeiten die Qualität ihrer Dienstleistung zu verbessern. Der Projektleiter bevorzugt zwar das direkte Gespräch, aber alle sind begeistert, auf diese Weise die zukünftige Zusammenarbeit gestalten zu können.

</td></tr>
</table>

Feedback-
möglichkeit

Dieses Fallbeispiel soll nicht dazu dienen, in der Realität eins zu eins umgesetzt zu werden. Es muss vielmehr in der konkreten Situation angepasst werden. Es wurde bewusst kurzgehalten und soll Sie dazu anregen, eine Feedbackmöglichkeit für ihre Kunden zu erarbeiten und so eine Möglichkeit anzubieten Unzufriedenheit auf einem andren Weg kundzutun als durch Beendigung des Projekts bzw. Reduzierung des Auftragsvolumens.

5.4   Beratung (Coaching)

Petra arbeitet bereits seit mehreren Monaten für die IT-Abteilung der ExAmple AG, als sich Dave ratsuchend an sie wendet. Er findet seit einiger Zeit nicht mehr den richtigen Antrieb sich im Team zu engagieren und denkt, dass der Chef ruhig auch mal etwas arbeiten könnte, statt nur von Meeting zu Meeting zu tingeln:

„Für Dich ist das ja gut, dass der Alte den ganzen Tag nichts arbeitet. So hast Du immer reichlich zu tun", meint Dave zu Petra, um seinem Frust Ausdruck zu verleihen. Am liebsten würde er alles hinwerfen und sich selbstständig machen.

Petra erkennt die Situation und bietet sich – auch über das Flurgespräch hinaus – als Gesprächspartnerin an. Sie vereinbart mit Dave einen ersten Termin, in dem sie die Situation gemeinsam erörtern wollen und in dem Petra ihre Erfahrung mit anderen Unternehmen und der Selbstständigkeit beisteuern will. Nicht zuletzt will sie Dave aufmerksam zuhören und mit den richtigen Fragen dabei unterstützen einen Ausweg aus seiner unzufrieden stellenden Situation zu finden.

Fallbeispiel 14:
Petra als Coach

Als Freelancer sind wir meist deutlich weniger in unternehmensinterne Strukturen eingebunden als fest angestellte Mitarbeiter. Durch kurze Projektlaufzeiten und viele verschiedene Auftraggeber bringen wir ebenfalls meist einen breiteren Erfahrungsschatz mit. Durch diesen neutralen Standpunkt und unsere Erfahrung eignen wir uns in vielen Situationen auch als Ratgeber oder neumodischer: als Coach.

Dieses berufliche Coaching bezieht sich auf die entsprechende Rolle, welche die gecoachte Person im Unternehmen innehat. Wir erinnern uns an dieser Stelle an das zweite Kapitel, in dem wir uns mit Rollen und ihren Darstellern befasst haben.

Berufliche Rolle
entscheidend

Neben der Rolle der zu coachenden Person übernimmt auch der Coach eine Rolle. Diese macht sich an dem Hierarchiegefälle der beteiligten Personen fest. Wendet sich der Ratsuchende auf Augenhöhe und im kollegialen Verhältnis an den erfahrenen Ratgeber oder befindet sich dieser auf einer höheren Hierarchiestu-

Ebenen des
Coachings

fe? Gerade mit Freelancern ist ein solches Coaching ungezwungener möglich, als innerhalb der unternehmensinternen Strukturen. Stellen Sie sich vor, Dave würde in der Situation aus Fallbeispiel 14 das Gespräch mit seinem Chef suchen, oder sich an eine andere Führungskraft wenden – das wäre mit einem gewissen Risiko verbunden und der Ausgang des Gesprächs wäre ungewiss.

Ohne störende Konkurrenz und Leistungsdruck

Wer Rat sucht, gesteht sich immer eine gewisse Schwäche ein. Da hilft es auch nicht, dass allenthalben gesagt und publiziert wird, ein Hilfegesuch sei eigentlich als Stärke zu interpretieren. Uneigentlich bleibt es eben ein Hilfegesuch – das liegt in der Natur der Sache. Interne Kollegen eignen sich daher für ein Coaching eher weniger, da sie immer auch Konkurrenten sind. Wendet man sich ratsuchend an einen Kollegen heißt die damit verbundene Botschaft immer auch: *„Du weißt etwas, was ich nicht weiß"*, da beißt die Maus keinen Faden ab. Bei Vorgesetzten besteht immer die emotionale Hürde, sich einer Person zu offenbaren, die über das berufliche Fortkommen entscheidet.

Integrationsfigur im Team

Als Freelancer kann man an dieser Stelle zur Integrationsfigur im Team werden und nimmt man in stressigen Projekten eine zentrale Rolle ein. So verschafft man sich mit seinen Soft Skills einen Namen und kann in einer Rolle auftrumpfen, die intern nur schwer zu besetzen ist.

Ebenen der Beratungsthemen

Die möglichen Beratungsthemen und Anlässe lassen sich hierbei auf drei Ebenen gliedern[14]:

⇒ Ebene des Wissens, der Fähigkeiten und des Verhaltens
⇒ Ebene der Einstellungen und Haltungen
⇒ Ebene der Lebenskonzepte und Grundüberzeugungen

Erste Ebene

Auf der ersten Ebene geht es neben fachlichem Wissen auch um Themen, die wir in diesem Kapitel bereits vorgestellt haben. So können Sie in der Beratung Ihr Wissen zum inneren Team anwenden, kommunikative Teufelskreise aufzeigen oder die vier Seiten des Kommunikationsquadrats erläutern, um Kommunikationsprobleme zu erläutern. Es geht um Themen, die sich hauptsächlich auf die Sach- und Fachkompetenz beziehen und sich mit resultierenden Missstimmungen oder diesbezüglichen Kommunikationsproblemen auseinandersetzen.

---

[14]　Benin, Seite 157 ff

Die Themen der zweiten Ebene kommen zum Tragen, wenn wir auf der ersten Ebene erfolglos bleiben. Hier geht es vielfach um die Wahrnehmung des hierarchischen Gefüges im Unternehmen, um besondere Belastungssituationen, Motivationsprobleme oder das Thema Burnout. Gerade auf der zweiten Ebene sind unternehmensinterne Mitarbeiter nicht mehr Ansprechpartner der ersten Wahl, wie Fallbeispiel 14 veranschaulicht. Hier kann man als externer Mitarbeiter viel leichter ins Vertrauen gezogen werden, als der direkte Vorgesetzte. Während man auf der ersten Ebene dem Vorgesetzten noch schmeichelt, wenn man ihn um Rat fragt, begibt man sich auf der zweiten Ebene in unkalkulierbare Risiken, wenn man offenbart, dass man mit dem Hierarchiegefälle nicht zurecht kommt, Motivationsprobleme hat und vor einem Burnout steht.

Zweite Ebene

Beratung auf der dritten Ebene schließlich wird nötig, wenn man auf den beiden vorangegangenen Ebenen nicht zum Ziel kommt, wenn es nicht mehr nur um eine vorrübergehende Motivationsschwäche geht, sondern um eine handfeste Sinnkrise oder gar um die Frage, ob man mit der eigenen Karriere- oder Entwicklungsplanung noch auf dem richtigen Dampfer ist. Hier können wir als externe Mitarbeiter sicher wenig dazu beitragen, wenn es um die Karrierechancen im gleichen Unternehmen geht. Wir können aber über andere Unternehmen und andere Berufsbilder berichten, die wir im Rahmen unserer Tätigkeit in verschiedenen Unternehmen kennengelernt haben.

Dritte Ebene

Je tiefer die Ebene ist, auf der wir uns beim Coaching bewegen, um so komplexer und vor Allem persönlicher wird die Beratung. Wir müssen uns dann ernsthaft die Frage stellen, ob wir der betroffenen Person so nahe kommen wollen oder ob unsere Beratungskompetenz für die erreichte Ebene genügt.

Je tiefer die Ebene, desto komplexer

Auch hierbei können wir auf die Grundlagen zurückgreifen, die in den ersten Kapiteln vermittelt wurden. Zunächst müssen wir uns jedoch einer ehrlichen Selbstreflexion unterziehen und uns fragen, ob wir in der Sache der richtige Ansprechpartner sind und auch sonst die richtige Person für eine Beraterrolle, oder ob wir uns in der Rolle eher unwohl fühlen. Wenn wir denken, diese ersten Voraussetzungen mitzubringen, dann können wir in einem Beratungsgespräch für die ratsuchende Person wichtige Impulse setzen. Bei der Vorbereitung eines solchen Gesprächs helfen uns die bisherigen Überlegungen zur Gesprächsführung.

Grundlagen der Beratung

Zwei Punkte sind dabei besonders wichtig:

⇒   aufmerksam und einfühlsam Zuhören und

⇒   die richtigen und entscheidenden Fragen stellen.

Richtig zuhören

Beim Zuhören können wir je nach Situation und Thema all unser bisher aufgebautes Wissen zur Analyse der Situation nutzen. Welche Rollen haben beteiligte Personen inne und wie sieht ihre Darstellung aus? Welchen Zwängen, Zielen, Prioritäten und Risiken unterliegen sie? Wie stellt sich die Kommunikationssituation zwischen den Beteiligten dar? Welche Rolle spielen Sachinhalt, Selbstoffenbarung, Beziehungs- und Appellseite der Kommunikation? Können wir durch Anwendung von Kommunikationsquadrat, Verhaltenskreuz oder Werte- und Entwicklungsquadrat Ansätze einer Problemlösung erkennen?

Richtig fragen

Die Forderung aufmerksam und einfühlsam zuzuhören bedeutet indes nicht, dass man nichts sagen darf – im Gegenteil. Es geht neben dem aktiven Zuhören auch darum, durch eine gute Fragetechnik das Gespräch gedanklich in eine Richtung zu lenken, die dem Coachingziel und dem besseren Verständnis des Ratsuchenden dient.

Soft Skills als Wissensvorsprung

Selbstkundgabe und Beziehung dürfen im Gespräch nicht hinter Sachinhalt und Appellseite zurück bleiben. Gerade in der Beratungssituation zwischen Mitarbeitern und ihren Vorgesetzten, besteht hierzu die Gefahr, da die Chefs ja in erster Line erreichen wollen, dass eine bestimmte Arbeit (Sachinhalt) von den Mitarbeitern erledigt wird (Appellseite). Hier können wir als Freelancer punkten, indem wir unsere Erfahrungen teilen, unsere Unterstützung anbieten und eine Beziehung zum Kunden aufbauen.

Gesteigerter Kundennutzen

Wir erweitern dadurch unsere fachliche Beraterrolle um eine zwischenmenschliche Komponente und sind so in der Lage unseren Kunden auch bei Problemen und Sachverhalten zu helfen, die nicht nur technischer Natur sind, sondern eventuell aufgrund zwischenmenschlicher Probleme bisher nicht gelöst werden konnten oder ins Stocken geraten sind. Mit der Kombination aus unseren theoretischen, technischen und praktischen Kenntnissen und Fertigkeiten, die unmittelbar für eine Aufgabe in IT-Projekten qualifizieren und unseren Soft Skills steigern wir so auch unsere Wertigkeit als Freelancer und Berater.

5.5 Zusammenfassung

Wir haben in diesem Kapitel viele Aspekte betrachtet, die sich unter dem Begriff der Kommunikationsfähigkeit zusammenfassen lassen. Im Mittelpunkt stand jeweils auch der konkrete Bezug zu der speziellen beruflichen Situation als selbstständiger Freelancer.

Zu Beginn des Kapitels wurde das Sender-Empfänger-Modell vorgestellt, und klar gestellt, dass in einer kundenorientierten Kommunikation immer der Empfänger unserer Nachrichten darüber entscheidet, ob wir richtig Kommunizieren oder eher nicht. Um diesbezüglich in den verschiedensten Gesprächssituationen gewappnet zu sein, wurden Möglichkeiten zur Vorbereitung, Durchführung und Nachbereitung von Gesprächen erörtert. Dabei stand eine gezielte Fragetechnik im Focus und es wurden die besonderen Herausforderungen digitaler Kommunikation angerissen. *Gesprächsverlauf*

Im Abschnitt zu den Konflikten, ihren Eigenarten und ihrer gezielten Bewältigung haben wir uns mit den Anforderungen an konfliktpräventive Kommunikation auseinandergesetzt und festgehalten, dass es hierzu nötig ist, konstruktiv zu bleiben und sich klar, treffend, knapp und wertfrei auszudrücken. Wir haben mit der Konfliktpipeline eine Methode kennengelernt, mit der eine unerwünschte Eskalation von Konflikten vermieden werden kann. Im Mittelpunkt standen Kritikgespräche und der Umgang mit unzufriedenen Kunden. *Konflikte*

Als Abschluss des Kapitels wurden einige Inhalte besprochen, die einen Einstig ins Coaching aufzeigen sollten. Wie auch bei anderen Themen sollte hier nicht das nötige Wissen vermittelt werden, zukünftig als Coach tätig zu sein. Vielmehr stand die Situation als Freelancer im Vordergrund und die Bewertung, ob Coaching als Soft Skill von Bedeutung ist oder nicht. *Beratung*

Das Kapitel zu den kommunikativen Soft Skills stützt sich dabei immer wieder auf die in den Kapiteln 2 bis 4 enthaltenen Grundlagen zum Rollenverständnis, zu den Problemfeldern unterschiedlicher Beteiligter und zu einigen Werkzeugen aus der Kommunikationspsychologie wie dem inneren Team, dem Kommunikationsquadrat, dem Werte- und Entwicklungsquadrat oder dem Verhaltenskreuz. *Vorarbeit der Kapitel 2 bis 4*

Weiterführende
Literatur

Im Rahmen dieses Buchs konnten viele dieser Themen nur kurz angerissen werden und viele interessante weiterführende Quellen mussten unbeachtet bleiben. Besonders interessierte Leser seien hier auf die Reihe „Miteinander Reden" verwiesen, die durch einen der Vorreiter der modernen Kommunikationspsychologie Friedemann Schulz von Thun bei rororo herausgegeben wird. Die ersten Kapitel dieses Buch zitieren unter anderem die in dieser Reihe vorgestellten Methoden und Werkzeuge an vielen Stellen und versuchen sie im Kontext der Situation als Freelancer in der IT zu interpretieren und anzuwenden. Sollten Sie nach einem tieferen Verständnis der Inhalte suchen und Kommunikation als Ihr neues Steckenpferd erkannt haben, geht aus meiner Sicht kein Weg an dieser Buchreihe vorbei.

Ausblick auf die
nächsten Kapitel

Inhaltlich haben Sie hier die Hälfte des Buchs erreicht. Die Grundlagenkapitel stehen nach dem ersten Block an Soft Skills – den kommunikativen Skills – nun in einem Zusammenhang. Die folgenden drei Kapitel bauen wiederum auf dieser Grundlage auf. Sie stellen in zwei weiteren Blöcken weitere unverzichtbare Soft Skills für Freelancer vor, die von den theoretischen, technischen und praktischen Kenntnisse und Fertigkeiten abzugrenzen sind, die uns unmittelbar für eine Aufgabe in IT-Projekten qualifizieren, beziehungsweise diesen überhaupt erst Geltung verschaffen. Im letzten Kapitel schließlich wird der Extrakt aus allen Kapiteln gezogen und der Versuch unternommen, die zehn wichtigsten Soft Skills für Freelancer zu benennen.

6 Block II: Die gefragtesten Soft Skills

„Lobenswerte Eigenschaften nennen wir Tugenden."
-- Aristoteles "

An der Fachhochschule des bfi Wien wurde 2005 eine Studie durchgeführt, die sich mit der „Bedeutung und Erfassung von Soft Skills beim Personalrecruiting im IT-Bereich" befasste [10]. Es sollte die Frage geklärt werden, welche nicht-fachlichen Eigenschaften und Fertigkeiten eines Bewerbers von besonderer Bedeutung für die IT-Stellenbesetzung sind. Im Rahmen einer Befragung wurden insgesamt 27 als Soft Skill bezeichnete Eigenschaften untersucht und in eine Reihung ihrer Wichtigkeit gebracht. Die zehn wichtigsten werden wir uns in diesem Kapitel genauer ansehen.

6.1   Vorüberlegung

Ist es überhaupt nötig solche Befragungen durchzuführen? Kann man geforderte Soft Skills nicht besser gleich aus den entsprechenden Stellenbeschreibungen ablesen? Fast immer sind dort geforderte Eigenschaften genannt.

Mehr Marketing als Anforderung

Dazu beschreibt J. Dick[15] einen eindeutigen Trend, zur Nennung von Soft Skills, die weniger den Bedarf des ausschreibenden Unternehmens widerspiegeln, sondern mehr als Marketinginstrument gedacht sind und potentielle Bewerber positiv ansprechen sollen. Er hat dabei vor allem die folgende Gruppe von Soft Skills im Visier:

⇒ Teamfähigkeit

⇒ Vernetztes Denken

⇒ Flexibilität

⇒ Kommunikationsstärke

⇒ Lernbereitschaft

Es geht also bei der Nennung eher darum, das Unternehmen positiv darzustellen, als dessen Anforderungen zu beschreiben. Nimmt man die genannten fünf Soft Skills, würde das in etwa bedeuten, dass es sich um ein flexibel organisiertes Unternehmen handelt, das seine gut vernetzten und lernfähigen Mitarbeiter in kommunikationsstarken Teams einsetzt.

Kommunikationsfähigkeit

In der gewichteten Reihung der oben genannten Studie erreicht Kommunikationsfreude nur einen neunten Platz. Das vorliegende Buch stellt Kommunikation hingegen an den Anfang der Betrachtung und widmet der Kommunikationsfähigkeit sogar einen eigenen Abschnitt. Dem liegt folgende These zugrunde:

> *Kommunikation ist nicht alles;*
> *aber ohne Kommunikation ist alles nichts!*

Zielstrebigkeit steht in der Soft Skills Studie an Position Eins, aber wie will man ohne Kommunikation die Ziele des Auftraggebers

---

15 J. Dick, Online Assessment als Personalmarketinginstrument. In Hünninghausen L. Hrsg. 2001. Die Besten gehen ins Netz; Symposion: Düsseldorf, zitiert nach [10]

verstehen und umsetzen? Bereits in Kapitel 3 zu den Zwängen, Zielen, Prioritäten und Risiken und in Kapitel 4 zu den psychologischen Werkzeugen spielt Kommunikation eine wichtige Rolle als roter Faden, der sich durch die Inhalte dieses Buchs zieht und den anderen Soft Skills quasi einen Rahmen gibt. Dieser Gedanke ist auch in diesem Kapitel von Bedeutung, das sich mit den Tugenden unter den Soft Skills beschäftigt.

Nach den kommunikativen Skills ist der zweite Block an Soft Skills also unter dem Begriff der *„Top 10"* zusammengefasst. Es handelt sich also nach unserer Ausgangsdefinition um die zehn wichtigsten Eigenschaften und Fertigkeiten, mit deren Hilfe ein Freelancer seine technische Qualifikationen im Zusammenspiel mit anderen Personen erfolgreich und effizient zur Geltung bringt. Die Top 10 ist auf Grundlage einer Befragung von Personalentscheidern zustande gekommen. Wir werden uns im Folgenden mit der Frage auseinandersetzen, ob es überhaupt so einfach möglich ist, eine solche Top 10 aufzustellen. Oder sind Soft Skills nicht eher ein miteinander verwobenes Geflecht an Eigenschaften, die in Wechselwirkung stehen und nur als Gesamtheit richtig verstanden werden können?

Was ist wichtig?

Schauen wir uns zunächst an, welche Soft Skills sich in der Befragung als besonders wichtig herauskristallisierten:

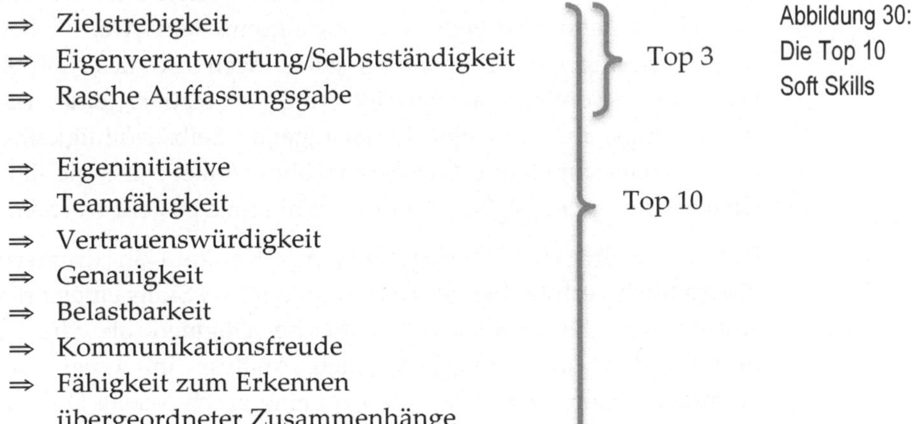

Abbildung 30: Die Top 10 Soft Skills

Betrachtet man diese Liste nicht von oben nach unten, sondern in der anderen Richtung, werden erste Schwächen sichtbar. Wenn Zielstrebigkeit, Eigenverantwortung und eine rasche Auffassungsgabe besonders wichtig sind, bedeutet das dann, dass man auf Eigenschaften wie Kritikfähigkeit, Urteilsvermögen oder Organisationsfähigkeit weitestgehend verzichten kann, nur weil sie nicht den Sprung in die Top 10 geschafft haben? Natürlich nicht! Die Grenze zwischen Platz zehn und elf wurde für dieses Buch willkürlich gezogen. Die Kürzung der ursprünglichen Liste von 27 Soft Skills auf zehn[16] hätte auch anders ausfallen können. Sie dient einzig der Verdeutlichung des Problems, dass es schwer möglich ist, auf Grundlage einer Befragung wichtige von unwichtigen Soft Skills zu trennen. Die Gegenfrage, auf welche der Soft Skills man bei der Stellenbesetzung verzichten könne, wurde ohnehin leider nicht gestellt.

Werte- und Entwicklungsquadrat	Erinnern wir uns an dieser Stelle kurz an das Kapitel 4 psychologische Werkzeuge und an Abschnitt 4.4 über das Werte- und Entwicklungsquadrat. Bei dessen Entwicklung lag die Überlegung zugrunde, dass die Einschätzung menschlicher Eigenschaften nur durch eine Skala gewisse Probleme mit sich bringt. Es nutzt also vermutlich wenig, die im Folgenden genannten zehn Soft Skills maximal auszubauen, weil man sonst Gefahr läuft, zu übertreiben. Aus einer gewünschten Zielstrebigkeit wird sonst schnell ein übertriebener Starrsinn und die eigenverantwortliche Selbstständigkeit wird zur eigenmächtigen Verselbstständigung.
Soft Skills ≠ Sozialkompetenz	Ein weiterer interessanter Aspekt ist die Frage, inwieweit sich die genannten zehn Soft Skills unter dem Begriff der Sozialkompetenz einordnen lassen, wie es die Studie und auch viele andere Autoren tun. Hat jemand also eine hohe Sozialkompetenz, weil er besonders zielstrebig, beharrlich und genau ist, weil also diese Soft Skills bei ihm besonders ausgeprägt sind? Attestiert eine rasche Auffassungsgabe oder eine herausragende Selbstständigkeit eine hohe Sozialkompetenz? Aus diesem Blickwinkel muss die übliche Gleichsetzung der Begriffe zumindest in Frage gestellt werden.
Konsolidierung	Rufen wir uns die Überlegungen aus Kapitel 1 in Erinnerung: Dieses Buch verfolgt bei der Definition der Soft Skills einen offenen Ansatz und lehnt allzu akademische Dogmen ab, die einer umfassenden und praxisbezogenen Analyse im Wege stehen könnten. Daher verwendet es auch keine geschlossene Definition,

---

[16] Weggefallen: Selbstbewusstsein, Abstraktionsvermögen, Begeisterungsfähigkeit, Kritikfähigkeit, Frustrationstoleranz, Detailorientiertheit, Durchsetzungsvermögen, Einfühlungsvermögen, Freude an Veränderung, Rhetorik, mit starken Strukturen zurecht kommen, Charisma

sondern eine öffnende, die Soft Skills als die Kenntnisse und Fertigkeiten sieht, mit denen theoretische, technische und praktische Qualifikationen, die für eine Aufgabe in IT-Projekten qualifizieren, im Zusammenspiel mit anderen Personen erfolgreich und effizient zur Geltung gebracht werden. Dies beinhaltet Dinge, die eigentlich nicht zum Begriff der Sozialkompetenz passen, ebenso wie die Notwendigkeit einer maßvollen Ausprägung der Soft Skills, wie es das Werte- und Entwicklungsquadrat fordert.

6.2   Die Top 3 der Soft Skills

Als die wichtigsten drei Soft Skills nannten die Befragten der Wiener Studie *Zielstrebigkeit*, *Eigenverantwortung/Selbstständigkeit* und eine rasche *Auffassungsgabe*. Wie wir zu Beginn dieses Kapitels gesehen haben, reicht es jedoch nicht, zum starrsinnigen und eigensinnigen „*Blitzmerker*" zu werden. Wer mit seinen Soft Skills erfolgreich sein will, muss den Ausgleich im Auge behalten und das richtige Maß finden. Was ist aber das richtige Maß an Zielstrebigkeit? An welchem Punkt wird Selbstständigkeit zur Eigensinnigkeit und wann wird der intelligente Zuhörer zum unsympathischen Streber?

Rufen wir uns hierzu das generische Werte- und Entwicklungsquadrat in Erinnerung und versuchen zu den folgenden Soft Skills eine jeweils begrenzende Partnereigenschaft zu finden.

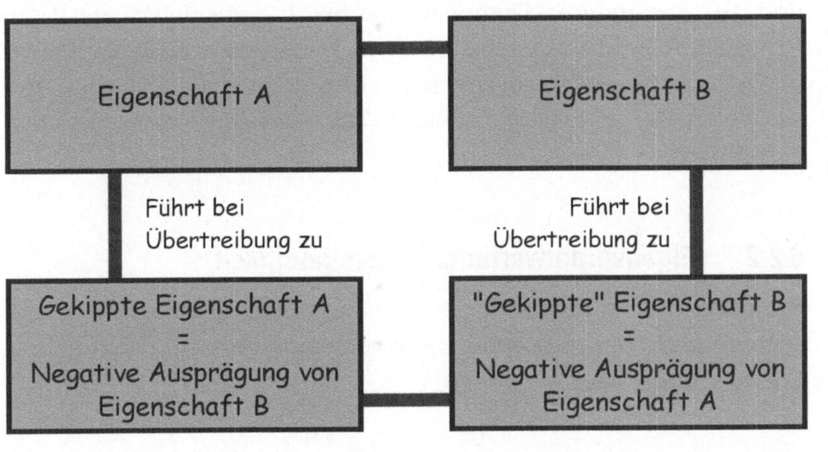

Abbildung 31: Generisches Werte- und Entwicklungsquadrat aus Abschnitt 4.4

6.2.1   Zielstrebigkeit

Zielstrebigkeit ist im Werte- und Entwicklungsquadrat Eigenschaft A und *Ziellosigkeit* die zugehörige negative Ausprägung bzw. die gekippte Partnereigenschaft B, nach der wir suchen. Wir finden eine passende Partnereigenschaft bei den als weniger wichtig bewerteten Soft Skills der Studie: *Freude an Veränderungen*. Sie landete auf Platz 24. Denkt man Soft Skills in diesem moderneren Verständnis, ist diese Bewertung zwar durch die Befragten abgegeben worden, sie wird dadurch jedoch nicht richtig. In der Konsequenz bedeutet diese Darstellung, das jemand, dem *Zielstrebigkeit* wichtig ist, ebenso auf die Eigenschaft *Freude an Veränderung* achten muss, weil sie die *Zielstrebigkeit* auf ein optimales Maß bringt. Vervollständigen wir nun das Werte- und Entwicklungsquadrat der *Zielstrebigkeit*:

Abbildung 32:
Werte- und Entwicklungsquadrat
der Zielstrebigkeit

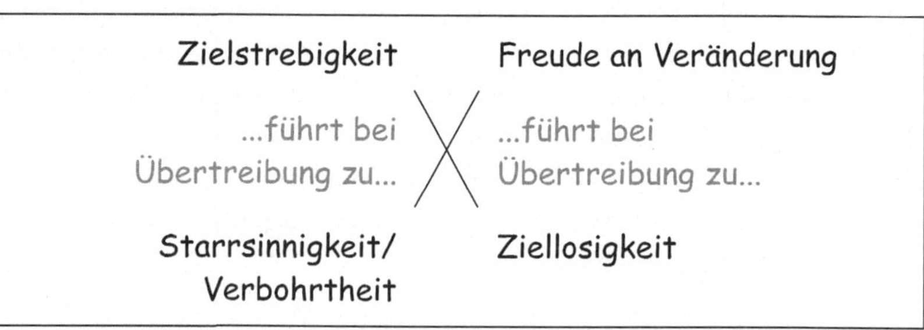

In dieser Darstellung ist die Gut-Schlecht-Skala der *Zielstrebigkeit* in der Diagonalen von oben links nach unten rechts abgetragen und auf der anderen Diagonale die des Gegenspielers *Freude an Veränderung*. Auf dieser Skala stehen sich zwei Soft Skills gegenüber, die in gegenseitiger Wechselwirkung zueinander stehen und sich gegenseitig Begrenzen und ein Verkehren ins Negative verhindern.

6.2.2   Eigenverantwortung/Selbstständigkeit

Kommen wir nun zur *Eigenverantwortung/Selbstständigkeit* und suchen nach der passenden Partnereigenschaft im Werte- und Entwicklungsquadrat:

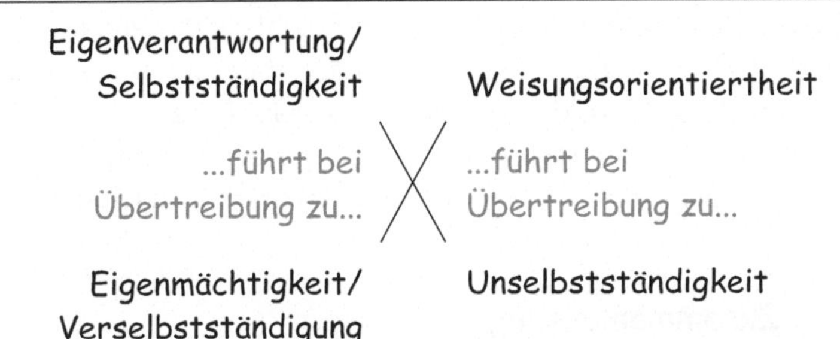

Abbildung 33:
Werte- und Ent-
wicklungsquadrat
der Eigenverant-
wortung/Selbst-
ständigkeit

Die Gut-Schlecht-Skala der *Eigenverantwortung/Selbstständigkeit ist* in der Diagonalen von oben links nach unten rechts abgetragen und auf der anderen Diagonale die der Partnereigenschaft *Weisungsorientiertheit*. Auch hier stehen sich zwei Eigenschaften gegenüber, die in gegenseitiger Wechselwirkung zueinander stehen und sich gegenseitig begrenzen und ein Verkehren ins Negative verhindern. Jemand, dem *Eigenverantwortung/Selbstständigkeit* wichtig ist, muss ebenso darauf achten, dass ein gewisses Maß an *Weisungsorientierung* vorhanden ist, damit die *Selbstständigkeit* nicht in eine eigenmächtige *Verselbstständigung* kippt.

Auf der Liste der 27 Soft Skills der Studie findet sich im Kontext der Partnereigenschaft *Weisungsorientiertheit* auf einem abgeschlagenen 26. Platz die *Fähigkeit mit starken Strukturen zurecht zu kommen*.

6.2.3   Rasche Auffassungsgabe

Auf Platz drei der wichtigsten Soft Skills liegt eine rasche *Auffassungsgabe*. Auch hier finden wir eine passende Partnereigenschaft auf den hinteren Rängen. Auf Platz 21 liegt die *Detailorientierung*, die wir ins Werte- und Entwicklungsquadrat einsetzen können:

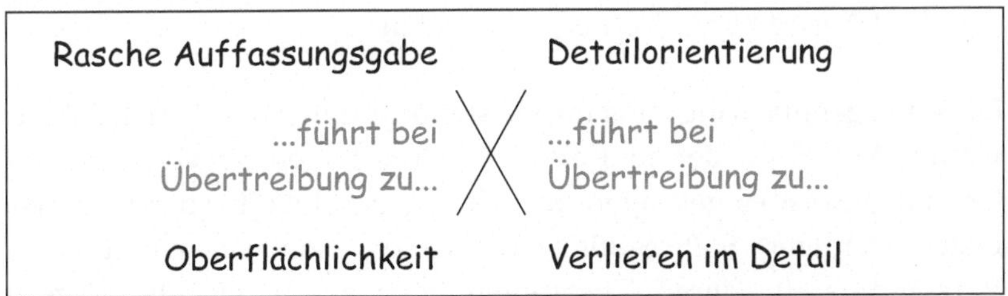

Abbildung 34:
Werte- und Ent-
wicklungsquadrat
einer raschen
Auffassungsgabe

In dieser Darstellung ist die Gut-Schlecht-Skala einer raschen *Auffassungsgabe* in der Diagonalen von oben links nach unten rechts abgetragen und auf der anderen Diagonale die des Gegenspielers *Detailorientierung*. Auch hier kommt die eine Eigenschaft nicht ohne die regulierende Partnereigenschaft aus.

6.2.4   Zusammenfassung

Positiv-
Negativ-Liste

Die letzten Überlegungen haben einige wichtige Ergebnisse zu Tage gefördert, die wir ohne die Abstützung auf das Werte- und Entwicklungsquadrat nicht erreicht hätten. So haben wir nicht nur festgestellt, dass es zu den drei wichtigsten Soft Skills jeweils eine wichtige Partnereigenschaft gibt, die wir bei den vermeintlich weniger wichtigen Soft Skills finden. Wir haben ferner sechs besonders unerwünschte Eigenschaften zu Tage gefördert, die einerseits eine besonders schwache Ausprägung eines Soft Skills sind und gleichzeitig die unerwünschte Übertreibung eines anderen.

> ⇒ **Zielstrebigkeit (Platz 1)**
> Übertreibung: Starrsinnigkeit/Verbohrtheit
> *...wird reguliert durch...*
> **Freude an Veränderung (Platz 24)**
> Übertreibung: Ziellosigkeit
>
> ⇒ **Eigenverantwortung/Selbstständigkeit (Platz 2)**
> Übertreibung: Eigenmächtigkeit/Verselbstständigung
> *...wird reguliert durch...*
> **Weisungsorientiertheit (Platz 26)**
> Übertreibung: Unselbstständigkeit
>
> ⇒ **Rasche Auffassungsgabe (Platz 3)**
> Übertreibung: Oberflächlichkeit
> *...wird reguliert durch...*
> **Detailorientierung (Platz 21)**
> Übertreibung: Verlieren im Detail

Tieferes
Verständnis

Dieses Ergebnis bringt uns im Verständnis einen deutlichen Schritt weiter. Mit Hilfe der in Kapitel 4 vorgestellten psychologischen Grundlagen ist es gelungen, nicht nur eine bloße Positiv-Negativ-Liste wichtiger Soft Skills aufzustellen, sondern ein tieferes Verständnis für deren Zusammenhänge zu entwickeln. Hierzu gehört eben auch die Erkenntnis, dass eine Liste, die nach wichtig und unwichtig unterscheidet, nur eine begrenzte Aussagekraft hat. Das entscheidende Soft Skill ist an dieser Stelle also nicht die *Zielstrebigkeit*, die *Eigenverantwortung* oder die rasche *Auffassungsgabe*, sondern das Verstehen der Zusammenhänge und Wirkmechanismen. Wir werden dieses Verständnis daher auch in den zehn wichtigsten Soft Skills am Ende des Buchs wiederfinden.

6.3   Die restlichen sieben Soft Skills

Neben den drei wichtigsten Soft Skills *Zielstrebigkeit*, *Eigenverantwortung/Selbstständigkeit* und rasche *Auffassungsgabe* kommen wir nun zum Rest der Top 10. Auch für sie betrachten wir jeweils das Werte- und Entwicklungsquadrat.

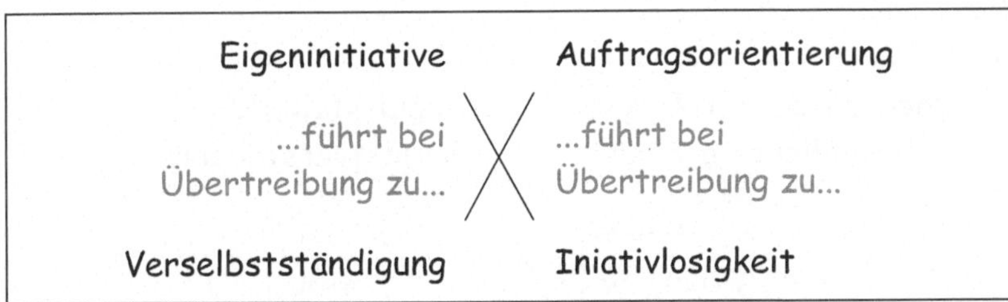

Abbildung 35: Werte- und Entwicklungsquadrat der Eigeninitiative

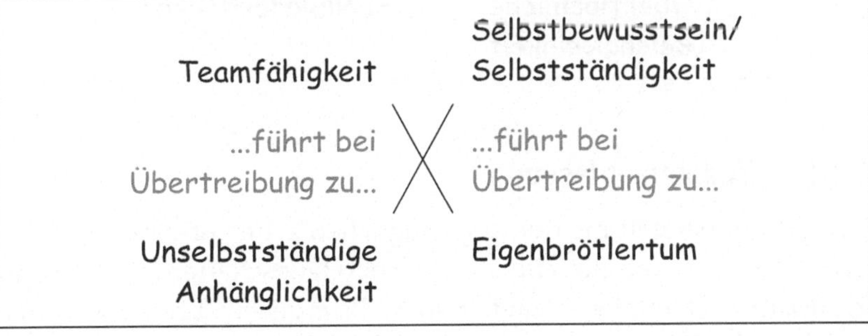

Abbildung 36: Werte- und Entwicklungsquadrat der Teamfähigkeit

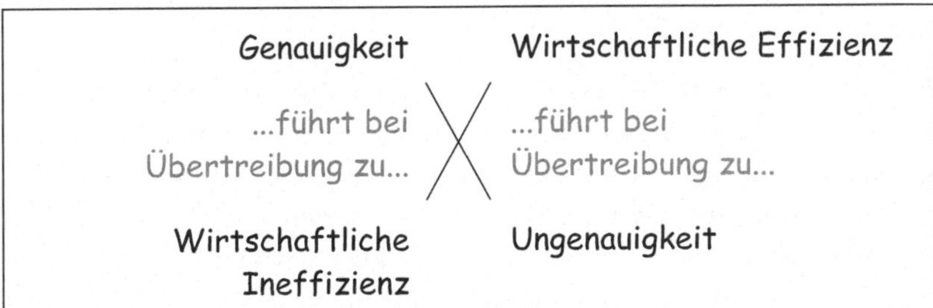

Abbildung 37: Werte- und Entwicklungsquadrat der Genauigkeit

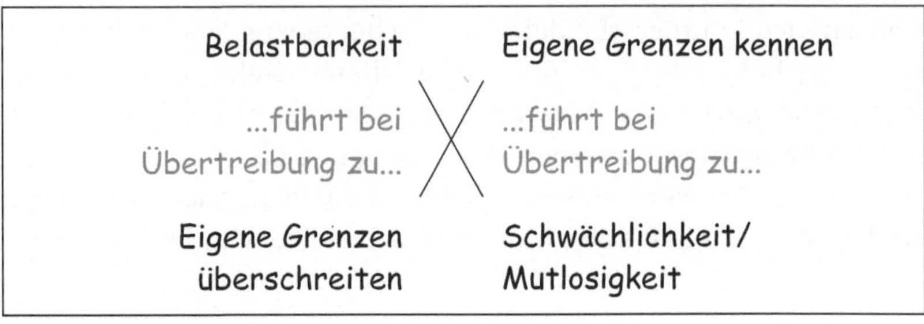

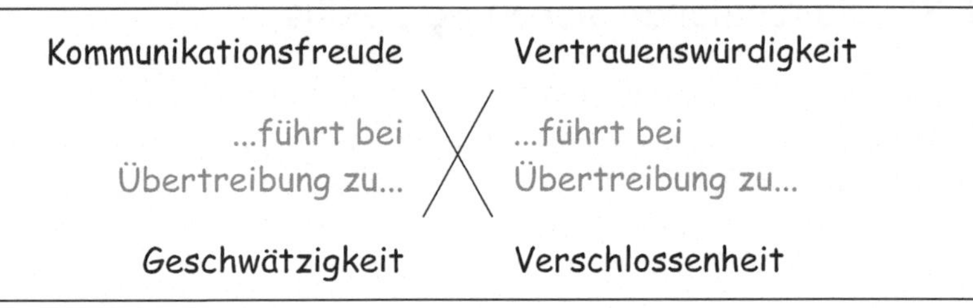

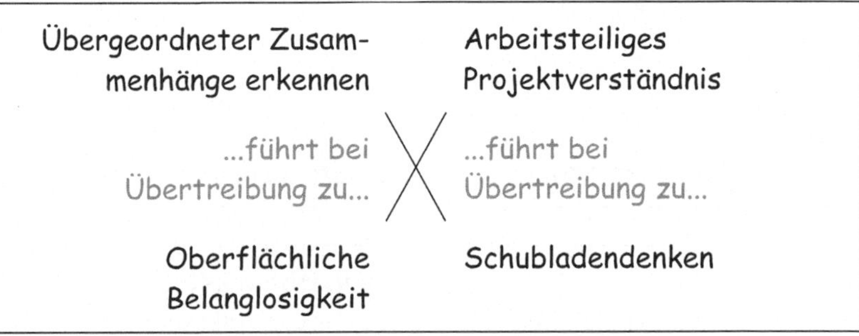

6.3.1   Zusammenfassung

Acht weitere
Soft Skills

Die Gegenüberstellung der ursprünglichen zehn Soft Skills mit den zugehörigen, regulierenden Partnereigenschaften hat acht zusätzliche, ebenfalls gefragte Soft Skills ergeben. Teilweise waren diese in der Befragung [10] auf den letzten Rängen wiederzufinden.

Ausgewogenes
Verhältnis

Da sich die Soft Skills jedoch gegenseitig regulieren und in Wechselwirkung zueinander stehen, sollten sie in einem ausgewogenen Verhältnis vorliegen. Eine Gewichtung der Soft Skills in wichtige und unwichtige Skills muss daher zumindest kritisch hinterfragt werden. Die mit den Soft Skills verwandte Sozialkompetenz entsteht ebenfalls durch ein ausgewogenes Verhältnis verschiedener Eigenschaften und nicht durch besonders viel der einen und wenig von der anderen. Wie in vielen Bereichen des

Lebens gilt auch hier, dass die Kette nur so stark ist wie ihr schwächstes Glied.

Darüber hinaus haben wir nun als eine Art Nebenprodukt eine Negativliste vorliegen. Diese enthält Eigenschaften, die als Übertreibung des einen oder als Fehlen eines anderen Soft Skills besonders schädlich sind. Auch hier wird die Forderung nach Ausgewogenheit untermauert. In der Aneinanderreihung lesen sich die Negativ-Eigenschaften wie das Horrorszenario einer maximal gescheiterten Stellenbesetzung.

Negativliste

6.4   Ergebnis der Überlegungen

In der zu Grunde liegenden Befragung [10] von Personalentscheidern ging es um die Frage, welche Soft Skills ihnen bei der Stellenbesetzung von besonderer Wichtigkeit waren. Aus dieser Liste müssen wir als Freelancer nun die Liste von Soft Skills erstellen, die wir ausbauen müssen, um die Anforderungen unserer Kunden zufrieden zu stellen. Aufgrund der vorhandenen Zusammenhänge reicht es auf unserer Seite – der Lieferantenseite – nicht aus, nur das zu liefern, was bestellt wird. Zusätzlich kommt es darauf an, nicht durch Übertreibung ins Negative abzugleiten.

Geliefert wie bestellt?

Ausgehend von den aufgestellten Werte- und Entwicklungsquadraten können wir nun Mustersätze formulieren, die beschreiben, welche Soft Skills wir ausbauen müssen und was wir tunlichst vermeiden sollten.

Mustersatz

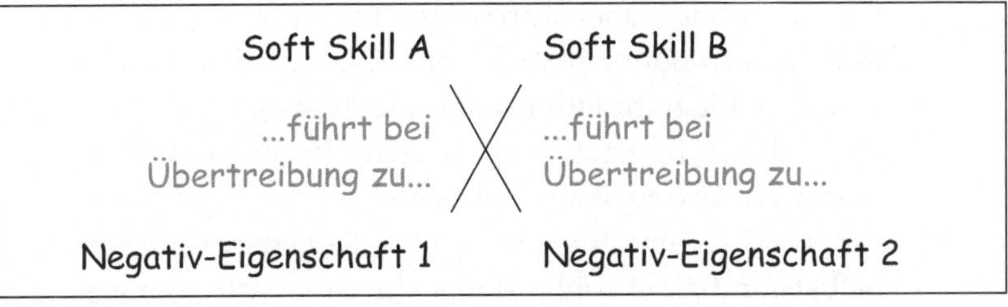

Abbildung 41: Generisches Werte- und Entwicklungsquadrat

Wir gehen dabei nach dem folgenden Schema vor und können so die Ergebnisse der Überlegungen dieses Kapitels zusammentragen.

> *Als IT-Freelancer benötigt man neben Soft Skill A auch (das regulierende) Soft Skill B ohne dabei durch Übertreibung jeweils in Negativ-Eigenschaft 1 oder Negativ-Eigenschaft 2 abzurutschen.*

Erntezeit

Zu Beginn dieses Kapitels standen zehn in gewichteter Reihenfolge befindliche Schlagworte. Nachdem nun Schritt für Schritt aus losen Schlagworten ein zusammenhängendes Portfolio von Soft Skills und Negativ-Eigenschaften entstanden ist, wird es Zeit die Ernte einzufahren.

IT-Freelancer benötigen...

Als Ergebnis der Herleitung über das in der modernen Personalentwicklung bewährte Werkzeug des Werte- und Entwicklungsquadrats können wir neun Anforderungen formulieren, denen ein Freelancer in der IT gerecht werden muss, der die Bedürfnisse seiner Kunden optimal zufriedenstellen möchte:

Als IT-Freelancer benötigt man...

⇒ ...neben Zielstrebigkeit auch Freude an Veränderung, ohne dabei durch Übertreibung jeweils in Starrsinnigkeit, Verbohrtheit oder Ziellosigkeit abzurutschen.

⇒ ...neben Eigenverantwortung und Selbstständigkeit auch Weisungsorientiertheit, ohne dabei durch Übertreibung jeweils in Eigenmächtigkeit, Verselbstständigung oder Unselbstständigkeit abzurutschen.

⇒ ...neben einer raschen Auffassungsgabe auch Detailorientierung, ohne dabei durch Übertreibung jeweils in Oberflächlichkeit oder ein Verlieren im Detail abzurutschen.

⇒ ...neben Eigeninitiative auch Auftragsorientierung, ohne dabei durch Übertreibung in Iniativlosigkeit abzurutschen oder sich zu verselbstständigen.

⇒ ...neben Teamfähigkeit auch Selbstbewusstsein und Selbstständigkeit, ohne dabei durch Übertreibung jeweils in unselbstständige Anhänglichkeit oder Eigenbrötlertum abzurutschen.

⇒ ...neben Genauigkeit auch wirtschaftliche Effizienz ohne dabei durch Übertreibung jeweils in Wirtschaftliche Ineffizienz oder Ungenauigkeit abzurutschen.

⇒ ...neben Belastbarkeit auch die Kenntnis der eigene Grenzen, ohne dabei jeweils durch Übertreibung eigene Grenzen zu überschreiten oder in Mutlosigkeit abzurutschen.

⇒ ...neben Kommunikationsfreude auch Vertrauenswürdig-
   keit, ohne dabei durch Übertreibung jeweils in Geschwät-
   zigkeit oder Verschlossenheit abzurutschen.

⇒ ...neben dem Verständnis für übergeordnete Zusammenhänge auch ein arbeitsteiliges Projektverständnis, ohne
   dabei durch Übertreibung jeweils in oberflächliche Belang-
   losigkeit oder Schubladendenken abzurutschen.

7 Block III: Weitere Erfolgsfaktoren

„Kleider machen Leute"
-- Gottfried Keller

Nachdem wir bisher die Soft Skills in zwei Blöcke aufgeteilt haben – einen Block, der sich mit den kommunikativen Skills befasst und einen Block, der weitere klassische Soft Skills und vor allem ihre Zusammenhänge und Wechselwirkungen berücksichtigt – kommen wir nun zu den Soft Skills, die bisher keine Berücksichtigung gefunden haben.

Um eines vorwegzunehmen: Spätestens bei diesen Soft Skills verlassen wir den Rahmen, den übliche Definitionen stecken. Das hat zwei Gründe: Der eine ist ein gewisser Anspruch an Vollständigkeit und der andere Grund liegt darin, dass man als Freelancer andere Anforderungen zu erfüllen hat, als ein interner Mitarbeiter. Sind wir nicht auf der Höhe der Zeit, ist es für ein Unternehmen um ein Vielfaches leichter sich von uns zu trennen, als bei einem

Erweiterter
Blickwinkel

langjährigen Mitarbeiter. Wir wollen die Definition der Soft Skills, auf die wir uns bisher abstützen, an dieser Stelle noch einmal rekapitulieren:

> **Definition 3: Soft Skills für Freelancer**
> *Jeder Freelancer hat aufgrund seiner Ausbildung und Erfahrung gewisse theoretischen, technischen und praktischen Kenntnisse und Fertigkeiten, die ihn unmittelbar für eine Aufgabe in IT-Projekten qualifizieren. Soft Skills sind all die Kenntnisse und Fertigkeiten, mit denen ein Freelancer diese Qualifikationen im Zusammenspiel mit anderen Personen erfolgreich und effizient zur Geltung bringt.*

Vollständigkeit

Wenn wir bei der Definition mit einer Abgrenzung arbeiten, dann ist alles ein Soft Skill, was kein *„Hard Skill"* ist, also nicht zu den theoretischen, technischen und praktischen Kenntnissen und Fertigkeiten eines IT-Freelancers gehört, die ihn unmittelbar für eine Aufgabe in IT-Projekten qualifizieren.

Spezialfall Freelancer

Zusätzlich ist es der speziellen Situation als Freelancer geschuldet, dass wir auch noch das ein oder andere Soft Skill mitbringen müssen, dass man als interner Mitarbeiter vielleicht vernachlässigen könnte. Vor allem müssen wir als Unternehmer für unsere Fortbildung auf diesem Gebiet selbst sorgen und können uns zum Beispiel nicht damit herausreden, dass unsere Personalabteilung kein ausreichendes Fortbildungsbudget zur Verfügung stellen würde.

Nicht Fisch, nicht Fleisch

In dem folgenden Kapitel wollen wir uns mit einigen verbleibenden Soft Skills auseinandersetzen, die weder in der Kommunikationspsychologie eine Rolle spielen noch sonst an irgend einer Stelle wiederzufinden wären. Auch der ein oder andere Grenzfall hat sich unter die restlichen Soft Skills geschlichen, der – weder Fisch noch Fleisch – aus dem einen Blickwinkel ein Soft Skill wäre und aus der anderen Richtung betrachtet eben nicht. Im Zweifelsfall soll dann dem Anspruch der Vollständigkeit Vorrang gegeben werden.

7.1 Richtig gekleidet

„Kleider machen Leute" heißt eine Novelle von Gottfried Keller, in der ein immer sehr gut gekleideter, aber armer Schneidergeselle wider Willen zum Hochstapler wird und als vermeintlicher Graf das Herz einer wohlhabenden Dame gewinnt. Nachdem sein Schwindel aufgeflogen ist, bleibt ihm die Liebe der jungen Frau erhalten und er gründet mit ihrem Vermögen ein Atelier und bringt es zu Wohlstand und Ansehen. Das Buch steht als Sinnbild für die besondere Bedeutung des äußeren Erscheinungsbilds für das berufliche und gesellschaftliche Fortkommen.

Da die richtige Kleidung nicht zu unseren fachlichen Kenntnissen und Fertigkeiten gehört, die uns unmittelbar für eine Aufgabe in IT-Projekten qualifizieren, ist klar: sich richtig zu kleiden ist ein wichtiger Soft Skill, mit dem ein Freelancer seine Qualifikationen erfolgreicher und effizienter zur Geltung bringen kann. Wie aber kleidet man sich als Freelancer richtig?

Für die Karriere innerhalb eines Unternehmens hört man vielfach die Empfehlung, man solle sich nicht etwa so kleiden, wie es zum aktuellen Job-Level passt, sondern so, wie es zu dem Level passt, das man als nächstes erreichen möchte: Die Kleidung ist die Visitenkarte des eigenen Anspruchs. Diese Formel lässt sich auch auf Freelancer übertragen, wobei es nicht um den Anspruch für das nächste Projekt geht, sondern um den Anspruch für das aktuelle Projekt. Nicht zuletzt geht es auch um die Rolle, die man im Kundenauftrag annehmen soll, sobald man auch nach außen als Repräsentant des Kunden wahrgenommen werden kann.

Frank soll für die ExAmple AG die Vertragsverhandlungen für ein Outsourcing leiten. Sein Verhandlungsteam wird aus Juristen, Kaufleuten und IT-Fachleuten bestehen. Frank wird dabei auch regelmäßig mit der Geschäftsleitungsebene des Dienstleisters zu tun haben und auch an das eigene Management berichten. Bisher hatte er in den Projekten für die ExAmple AG hauptsächlich IT-interne Kontakte und konnte sich dabei an den üblichen Dresscode halten: Anzughose mit Hemd ohne Krawatte. Dazu lieber Pullover statt Jackett.

Kleider machen Leute

Kleidung als Soft Skill

Visitenkarte des eigenen Anspruchs

Fallbeispiel 15: Frank trägt Krawatte

In der Rechtsabteilung trägt man Anzug und Krawatte und auch bei den Kaufleuten haben bereits die Werksstudenten die Garderobe entsprechend aufgerüstet: alle tragen dort Kostüm oder Anzug. Von dem IT-Dienstleister weiß er, dass die Mitarbeiter ebenfalls alle mit Kostüm oder Anzug anrücken.

Um zwischen all den Krawatten nicht unterzugehen, beschließt Frank bei Terminen mit dem Dienstleister ebenfalls aufzurüsten und setzt zukünftig auf Anzug und Krawatte, um seiner Rolle als Verhandlungsleiter gerecht zu werden.

Richtig gekleidet kann auch heißen, in Jeans und T-Shirt zur Arbeit zu gehen. Es kommt auf das Unternehmen an und auf die konkrete Situation, was richtig und was falsch ist. Dabei geht es nicht darum, ob man es selbst nötig hat, sich kleidungstechnisch aufzurüsten, sondern darum, ob die Menschen mit denen man es zu tun hat als angemessen empfinden.

Unser äußeres Erscheinungsbild hilft anderen Menschen unsere Rolle besser wahr zu nehmen und sich darauf einzustellen, was sie zu erwarten haben. Unsere Kleidung ist damit Teil unseres Kommunikationsverhaltens. Wenn man beispielsweise als Verhandlungsführer für eine Bank mit Kaputzenpulli, Leder-Stiefeln und Biker-Hose auftaucht, dann mag das zwar unter Umständen die Persönlichkeit richtig widerspiegeln, aber um genau die geht es in den Verhandlungen nicht. Die Rolle des Freelancers ist es dann, die Persönlichkeit seines Kunden widerzuspiegeln und nach außen darzustellen, also in diesem Fall eine Bank, die einen Vertrag verhandeln will. Auch mit einiger Vorstellungskraft und viel Verständnis für persönliche Eigenarten wird das wahrscheinlich nicht in Kapuzenpulli und Biker-Hose funktionieren. Genauso wenig wird man in einer Gruppe von Programmieren und Administratoren bei einem Mittelständler richtig ankommen, wenn man dort mit Nadelstreifenanzug, Krawatte und Seidenschal auftaucht. Unsere Kleidung ist Teil unserer Kommunikation und je mehr wir mit der Kleidung von unserer Rolle abweichen, je mehr Fragen werden bei den Menschen auftauchen, die mit uns zu tun haben. Die Kleidung sollte also jeweils zum Anlass und unserer Rolle passen. So wird eine angemessene Kleidung zum wichtigen Soft Skill.

7.1.1   Die Krawatte über der Schulter

Wo wir bereits bei unserem äußeren Erscheinungsbild sind, kommen wir nun zu einem kleinen Detail, auf dass ich mich schon freue, seit ich das Konzept zu diesem Buch erarbeitet habe. Es handelt sich dabei um eine Herzensangelegenheit Ihres Autors und um eine Frage, die mich schon seit Jahren beschäftigt. Ansonsten ist Abschnitt 7.1.1 für dieses Buch im Grunde belanglos, dient aber eventuell auch als praktisches Anschauungsbeispiel, wie wir durch unsere Kleidung – auch ungewollt – kommunizieren. Die Frage, die mich beschäftig lautet: Warum wirft man sich beim Essen die Krawatte über die Schulter?

Mit einem ;-)

Vielfach habe ich auf diese Frage als Antwort bekommen, dass man das tue, weil man die Krawatte sonst mit Soße bekleckern könne und diese dann ruiniert sei. Ich habe das nie verstanden. Das heißt doch dann ebenfalls, dass man es auch im Erwachsenenalter noch nicht hinbekommt zu essen, ohne sich regelmäßig zu bekleckern? Und auch wenn die Krawatte über der Schulter lag, ist doch dann trotzdem das Hemd bekleckert? Während man die bekleckerte Krawatte noch an Ort und Stelle abnehmen könnte, wird das bei dem ruinierten Hemd schon schwieriger oder kommt die Krawatte dann über den Fleck?

Hemd oder Krawatte, das ist hier die Frage

Zuerst kleidet man sich also in Anzug und Krawatte, um ein gewisses Maß an Seniorität auszustrahlen und macht dann alles wieder zunichte, indem man sich nicht etwa nur unglücklich bekleckert, sondern weithin sichtbar kommuniziert, dass einem das auch noch häufiger passiert. Selbst wenn man häufig Anzug trägt und sich alle paar Monate mal die Krawatte ruiniert: Wie viele Jahre hatte man denn vor, diese Krawatte zu tragen? Oder hat man nur die eine? Oder kleckert man sich vielleicht sogar wöchentlich voll und was passiert dann immer mit dem Hemd?

Nur eine Krawatte im Schrank?

Selbst wenn hin und wieder mal eine Krawatte dran glauben muss, hilft das ja vielleicht am Ende, bei den Krawatten mit der Mode zu gehen. Das wäre doch auch schön. Man bekommt im Zweifel ohnehin jedes Jahr zu Weihnachten mindestens eine neue Krawatte geschenkt – einfallslose Schwiegermutter natürlich vorausgesetzt. Selbst wenn die böse Schwiegermutter fehlt, kann man sich ja auch selbst ab und an mal was Neues gönnen.

Das Risiko als Chance sehen

Warum also kommt die Krawatte über die Schulter? Ich weiß es nicht. An dieser Stelle finden Sie Ihren Autor ratlos. Aber wie bereits angedeutet: mit einem Augenzwinkern.

7.1 Visualisierung

Häufig geht es in der IT um komplexe Zusammenhänge und Komplexität lässt sich nicht immer nur mit Worten ausdrücken. Glücklich ist, wer diese Zusammenhänge durch Visualisierung verständlich darstellen kann.

Präsentation

Die Meisten unter Ihnen haben sicher schon mehr oder weniger umfangreiche PowerPoint-Präsentationen erstellt oder zumindest einzelne Folien beigesteuert. Hierbei handelt es sich um vorbereitete Visualisierungen, die in teilweise langwierigen Iterationszyklen und von vielen Bearbeitern zur finalen Reife gebracht werden, bevor sie den Adressaten vorgestellt werden. Nicht selten werden sie in diesem Anwendungsfall als eine Art Textverarbeitung im Querformat genutzt.

Flipchart

Die Nutzung von Flipcharts hingegen erfolgt meist ad hoc und aus einer bestimmten Gesprächssituation heraus, in der Worte zum Verständnis nicht mehr ausreichen, oder bestimmte Gesprächsergebnisse zusammengefasst werden sollen.

Moderationswand

Die Moderationswand ist in der IT eher seltener in Gebrauch und hat ihre Stärken ebenso bei der Vermittlung vorbereiteter Inhalte wie in spontanen Situationen. Sie wird häufig als eine Art Aufsteller genutzt, an dem sich großformatige Plakate anbringen lassen, oder sie eignen sich zur Darstellung von Sachverhalten, die im Rahmen des Gesprächs noch abgewandelt werden sollen.

Distanz oder Mobilisierung

Diese drei Formen der Visualisierung unterscheiden sich jedoch nicht nur für denjenigen, der sie zur Visualisierung anwendet, sondern vor allem für diejenigen, die Empfänger der Nachricht sind. Während die Präsentation mit dem Beamer häufig aus der Gesprächsgruppe entrückt ist – die Leinwand ist erhöht an der Wand angebracht – können Flipchart und Moderationswand herangerückt und so in die Gruppe integriert werden. Während Leinwand und Beamer eine nicht zu verändernde Distanz zwischen Sender, Nachricht und Empfänger schaffen werden diese durch Flipchart und Moderationswand auch körperlich mobilisiert. Das gilt für Sender und Empfänger. Man kann sich eben nicht mal schnell an den PC eines Vortragenden setzen und den Inhalt einer Folie ergänzen. Man kann aber sehr wohl an eine Moderationswand gehen, einen Aspekt, den man betonen möchte auf eine Karte schreiben und diese mit an die Wand pinnen. Die digitale Präsentation gehört dem Präsentierenden, die Präsentation an Flipchart und Moderationswand der gesamten Gruppe. Im ersteren Fall gleicht die Kommunikation eher einer Einbahnstraße, während in den beiden anderen Fällen eine bidirektionale Kommunikation deutlich erleichtert wird. Vielleicht ist die digitale Präsentation auch gerade aus diesem Grund so beliebt, weil sie Feedback weder herausfordert noch den dafür nötigen Rahmen bietet.

Petra sitzt mit einer Gruppe von zwölf Teammitgliedern in einem Besprechungsraum und lauscht der Präsentation des Projektleiters. Der Besprechungsraum ist eher für dreißig Teilnehmer gedacht und alle sitzen verteilt an einem langen Besprechungstisch. Die Folien werden auf einer Rückprojektionswand am einen Ende des Besprechungsraums gezeigt. Auch wenn sie schick aussieht und in eine kleine Bühne eingelassen ist, fehlt ihr an dem sonnigen Vormittag die nötige Leuchtkraft und die verfügbare Auflösung ist mit der teilweise zu kleinen Schriftgröße überfordert. Einzelne Folien enthalten so viel Text, dass höchstens die ersten paar Personen in der Nähe der Leinwand etwas lesen können, der Rest schaut zum Fenster raus und genießt die Aussicht. Andere Folien enthalten Netzwerkübersichten, auf denen nicht eine einzige Beschriftung zu erkennen ist. Der Projektleiter versucht zwar zu erläutern – hier haben wir dies, hier sieht man jenes – wirklich folgen kann man ihm in all den Kästchen und Strichen allerdings nicht. Petra beschließt dem Projektleiter bei der Vorbereitung des nächsten Meetings unter die Arme zu greifen.

Fallbeispiel 16:
Alle genießen
die Aussicht

Wer kennt Situationen wie in Fallbeispiel 16 nicht auch? Ein eigentlich gut vorbereitetes Meeting mit einer kompetenten Leitung scheitert an den technischen Voraussetzungen oder wird durch sie zumindest behindert und ein Teil der Zuhörer bleibt inaktiv oder geht inhaltlich sogar verloren. Hat man in einer solchen Situation zur Visualisierung nur Folien zur Hand, lässt sich die Situation meist nicht mehr retten.

Im Grunde hat man sich an überfrachtete Folien gewöhnt und auch daran, dass man gar nicht alles mit bekommen muss. Selbst die meisten Vortragenden erwähnen häufig, dass eine Folie gar nicht so interessant sei. Warum hat man sie dann in die Präsentati-

Spickzettel
PowerPoint

on mit aufgenommen? Häufig dienen sie dem Vortragenden als Instrument der Vorbereitung des Vortrags oder als Gedankenstütze, falls Nachfragen kommen, als offener Spickzettel sozusagen.

Selbsttest

Diese Gewöhnung geht mittlerweile ziemlich weit; machen Sie den Selbsttest und bewerten Sie zunächst die folgende Aussage:

> *„Während des einstündigen Meetings wurden 25 detaillierte Folien zum künftigen Vorgehen im Projekt gezeigt."*

Normales Meeting

Wahrscheinlich hört sich das für Sie nach einem ganz normalen Projekt-Meeting an. Was man an Details verpasst hat, kann man ja im Zweifel nachlesen. Lassen Sie jetzt die folgende Aussage wirken:

> *„Während des einstündigen Meetings wurden zehn Folien gezeigt und im Anschluss zehn Auflistungen auf dem Flipchart beschrieben und fünf Moderationswände mit Schaubildern zum künftigen Vorgehen im Projekt vorgestellt."*

Vollgepackt mit Interaktion

Inhaltlich passt auf 25 Folien sicher mehr, als auf zehn Folien, zehn Flipcharts und fünf Moderationswände, allein schon zeitlich. Was denken Sie aber, welches Meeting eine größere Beteiligung der Zuhörer hatte und in welchem Meeting nicht nur Informationen gesendet, sondern auch empfangen und verstanden wurden?

Zu viel Disziplin gefordert

Die reine Konzentration auf digitale Präsentationen erfordert von den Zuhörern ein immenses Maß an Disziplin und Interesse am Thema. Bei den häufig überladenen Folien setzt dieses Vorgehen obendrein die Bereitschaft voraus nicht nur diszipliniert und interessiert zuzuhören, sondern eigenständig wichtig von unwichtig zu unterscheiden und die wichtigen versäumten Inhalte dann noch im Nachgang aufzuarbeiten. Das überfordert nahezu jeden Zuhörerkreis.

Der Empfänger ist entscheidend

Auch im Fall von visueller Kommunikation gilt, dass die Empfänger über den Kommunikationserfolg entscheiden und die Kommunikation daher auch auf deren Bedürfnisse ausgerichtet sein muss. Je mehr Medien dabei verwendet werden und je aufgelockerter die Atmosphäre dadurch gestaltet wird, umso zuträglicher ist das für den Erfolg eines Meetings.

7.1.1   Präsentationen

Präsentationen mit PowerPoint, Keynote und Co. sind aus der | PC, Beamer
heutigen Arbeitswelt nicht mehr wegzudenken. Von der kleinen | und Leinwand
Besprechung bis hin zum Vortrag vor hunderten Zuhörern, von
der Visualisierung von Schulungsinhalten bis hin zum umfangrei-
chen Führungsinstrument als Dashboard mit Lagedarstellung für
Management-Meetings: Die Präsentation mit PC, Beamer und
Leinwand ist nicht nur weit verbreitet, sondern bietet vielfältigste
Möglichkeiten zur Visualisierung der unterschiedlichsten
Informationen für ebenso unterschiedliche Zielgruppen.

7.1.1.1   Software-Möglichkeiten

Beginnen wir unsere Überlegungen bei den vorhandenen
Möglichkeiten: einem weißen Zeichenbereich im Querformat. Das
ist der Ausgangspunkt von allen digitalen Präsentationen. Hinzu
kommt als Grundfunktionalität ein Texteditor mit den üblichen
Formatierungsmöglichkeiten wie Textart, Textgröße, Textfarbe,
Einrückungen und Aufzählungen.

Für den weit überwiegenden Teil der Präsentationen wird auch | Text im
nicht mehr verwendet. Vereinzelt kommen Diagramme zum | Querformat
Einsatz oder mal eine Tabelle, hier und da ein kleines Bild. Alles in
allem die gleichen Grundfunktionalitäten wie eine Textverarbeitung – es fehlt nur der automatische Seitenumbruch und alles ist
im Querformat. So sehen die meisten Präsentationen dann auch
aus: Text im Querformat.

Dabei bietet eine moderne Präsentationssoftware viel mehr | Präsentieren
Möglichkeiten zur Visualisierung von Informationen. Leider ist es | ist leider oft
mit einer Präsentationssoftware wie mit einem weißen Blatt Papier | Publikumskunst
und einem Stift. Die Einen schreiben ein paar Zeilen, die Anderen
beginnen ein paar Bilder zu zeichnen und wieder andere erschaf-
fen ein Kunstwerk. Ich selbst verwende in meinen Vorträgen auf
Konferenzen meist Folien mit großformatigen Fotos, wenig Text
und stütze mich dabei auf die Tipps von modernen Präsentationsexperten. Im beruflichen Umfeld komme aber auch ich nicht an
den üblichen Textfolien vorbei, selbst wenn ich sie selbst nicht
mag. Man macht die Folien jedoch nicht nur für sich selbst, gerade
als Freelancer nicht. Man erstellt die Folien im Kundenauftrag und
wenn viel Text bestellt wird, wird auch viel Text geliefert.

Vielleicht haben sie in diesem Zusammenhang schon einmal von | Die 1-7-7-Regel
der 1-7-7-Regel gehört: Pro Folie nur ein Gedanke, pro Folie nur

sieben Zeilen und pro Zeile nur sieben Wörter. Es hält sich seit Jahrzehnten das hartnäckige Gerücht, dass dies sozusagen die optimale Folie ergäbe. Andrew Abela bezeichnet Folien nach der 1-7-7-Regel in seinem Buch *„Advanced Presentations by Design"* [11] gar als die *„schlimmstmöglichen Folien"*. In Büchern wie *„PresentationZen"* [12] von Garr Reynolds wird vom Marketing Experten Seth Godin gar geraten, niemals mehr als sechs Worte auf eine Folie zu nehmen *„Niemals. Es gibt keine Präsentation, die so komplex ist, dass diese Regel gebrochen werden müsste."*[17]

Möglichkeiten vs. Inhalt

Die Situation, in der wir uns nun befinden ist die Folgende: Selbst wenn wir modernen Kommunikationsexperten vertrauen und in Zukunft nur noch sechs Worte vor dem Hintergrund professioneller Fotos präsentieren wollen. Wir werden es sicher nicht hinbekommen zum Beispiel den IT-Leiter davon zu überzeugen, dass er seinen monatlichen Statusbericht in dieser Form präsentiert bekommt. Selbst wenn die Folien dann besser aussehen und nicht mehr so langweilen. Das liegt zum einen daran, dass wir als IT-Experte im Unternehmen sind und nicht als Experte für Marketing und Kommunikation. Zum anderen liegt es daran, dass eine Folie in einem Statusbericht eine Spezialform einer Präsentation ist, die keiner der zitierten Experten meint. Werfen wir also einen Blick auf die unterschiedlichen Informationen, die in einer Präsentation visualisiert werden können.

7.1.1.2   Mögliche Informationen

Vision, Gedanke und Aussagen

Fangen wir bei der Art von Informationen an, die im Fokus der oben zitierten Experten steht. Geht es darum, eine Vision, einen zentralen Gedanken oder eine grundlegende Aussage zu transportieren, liegen Sie bei den Empfehlungen der Experten goldrichtig. Vergessen Sie die 1-7-7-Regel. Die meisten der Experten beraten CEOs und das gehobene Management und haben ihren Schwerpunkt im Marketing. Geht es als CEO darum eine wichtige Aussage oder eine Vision für die Zukunft in einer Präsentation zu visualisieren, braucht man keine langen Texte hinter sich an der Wand. So geht die Emotion verloren, die sich auf die Zuhörer übertragen soll.

---

[17]   Sie sollten dringend einige Bücher zum Thema lesen. Auch wenn sich nicht jede Empfehlung umsetzen lässt, wird man nach der Lektüre bessere Präsentationen machen. Das ist nahezu sicher.

Spricht der CEO zu seinen Mitarbeitern, reicht es, in großen Lettern „+25 %" auf ein Bild des Mount Everests zu schreiben wenn er für die nächsten fünf Jahre jeweils 25 % Wachstum von seinen Mitarbeitern fordern will. Als dieser CEO sich von seinem Management zuvor hat erläutern lassen, ob das möglich ist, waren sicher ausführlichere Folien gefragt. Mit einer Folie auf der ein Bild der Titanic zu sehen ist und in großen Lettern „-5 %" geschrieben steht, hätte der CFO sicher nicht die Erwartungen des Chefs erfüllt. Präsentiert man von unten nach oben, ist auf einer Folie deutlich mehr Inhalt gefragt als umgekehrt. Als Führungskraft will man verstärkt Visionen, Gedanken und Aussagen transportieren, während man als Mitarbeiter eines Unternehmens meist handfestere Informationen und Sachinhalte abzuliefern hat. Es macht also neben dem Inhalt auch einen Unterschied, in welche „Richtung" man präsentiert.

Immer dann, wenn auf einer Folie mehr Inhalt gefragt ist, tritt die zu übermittelnde Emotion in den Hintergrund, bis sie auf Dashboard-artigen Statusfolien gar ganz verdrängt wird. Die Frage ist dann immer, ob die präsentierten Informationen noch an einer anderen Stelle zu finden sind und einfach nur abgeschrieben wurden, oder ob es die Informationen in dieser Aggregation nur in der vorliegenden Präsentation gibt oder sie gezielt nur so dokumentiert wird. Im ersten Fall kann man sich noch den Empfehlungen der Präsentationsexperten annähern. Man muss nicht Seitenweise zitieren, um den Gedanken einer Textpassage wiederzugeben. Es reicht das Schlagwort. Der eigentliche Inhalt kommt auf der Tonspur und auf die original Fundstelle kann verwiesen werden. Schwierig wird es, wenn es gar keine original Fundstelle gibt, wenn die Präsentation also gleichzeitig Dokument zur Planung, zur Präsentation und zur Dokumentation ist. Das ist gerade bei aggregierten Informationen auf Statusfolien der Fall, bei denen der eigentliche Informationsgehalt teilweise nur in den Änderungen zum vorhergehenden Präsentationstermin liegt. Hier kommt man mit sechs Worten pro Folie sicher nicht zurecht.

7.1.1.3 Als Freelancer besser Präsentieren

Geht es nun um die Frage, wie man als Freelancer besser Präsentieren kann, kommen wir auf ein in diesem Buch mehrfach bemühtes Muster zurück: Wir müssen die zu überbringende Nachricht und deren Präsentation an der Zielgruppe ausrichten und das sind in den seltensten Fällen Marketing-Experten. Als

Freelancer sollten wir die Lösung auf der Mitte der Strecke zwischen durchgestylter Hochglanz-Präsentation und überfrachteter Textfolie suchen. In der IT ist weder der abgehobene Visionär noch der mitteilungsbedürftige Nerd gefragt, sondern der visionäre Fachexperte mit Kundenorientierung, der in komplexen Statusfolien ebenso zuhause ist wie in der emotionalen und mitreißenden Darstellung.

Anforderung richtig beurteilen

Das zu begreifende Soft Skill ist es nun, zwischen den unterschiedlichen Situationen richtig zu unterscheiden und danach die Möglichkeiten die genutzten Software bestmöglich einzusetzen, um seine theoretischen, technischen und praktischen IT-Kenntnisse im Zusammenspiel mit anderen Personen erfolgreich und effizient zur Geltung zu bringen. Hierzu muss man sich stets die folgenden Fragen stellen:

⇒ Für welche Zielgruppe ist die Präsentation?

⇒ Präsentiere ich in der Hierarchie von unten nach oben oder in die andere Richtung?

⇒ Präsentieren mehrere „Zulieferer" Informationen für einen oder wenige Zuhörer oder ist der Kreis der Zuhörer größer?

⇒ Dient die Präsentation gleichzeitig als Arbeitsdokument?

⇒ Dient die Präsentation als Arbeitsgrundlage während des Treffens oder werden sozusagen abgeschlossene Informationen präsentiert?

⇒ Dient die Präsentation gleichzeitig als Dokumentation?

Je nach Beantwortung der Fragen sind auch die Anforderungen an die Visualisierung der Inhalte zu unterscheiden.

7.1.1.4 Was Präsentationen nicht können

Gefahr sein Publikum zu verlieren

Selbst bei geschicktester Anwendung gibt es Dinge, die man mit einer Präsentation nicht erreichen kann. Hierzu gehört es, sein Publikum zu involvieren und körperlich zu mobilisieren. Es ist praktisch nicht möglich, den Zuhörern zu ermöglichen die Darstellung auf einer Folie zu ändern bzw. zu ergänzen. Eine haptische Erfahrung ist mit dem Beamer überhaupt nicht zu erreichen. Hierzu gehört eine fehlende körperliche Mobilisierung, die durch die inhaltliche Fokussierung auf die Leinwand verursacht wird. Häufig ist es nötig den Raum zu verdunkeln, so dass der Präsentierende immer weiter in den Hintergrund rückt und die Folie immer weiter in den Vordergrund. Bei entsprechend voll beschriebenen Folien macht sich der Vortragende so mit jeder Folie ein Stück überflüssiger.

Jetzt könnten Sie zwischendurch laut in die Hände klatschen, um die Aufmerksamkeit als Sprecher zurück zu gewinnen oder Sie könnten auf irgendeine andere Art ihre Zuhörer mobilisieren. Die einfachste und professionellste Art das zu tun, ist durch einen Medienbruch. Sie müssen also nicht laut in die Hände klatschen, damit das Publikum wieder auf Sie konzentriert und den Blick von einer detailreichen Folie abwendet. Es reicht, als nächste Folie eine leere schwarze Folie vorzubereiten, statt direkt mit der nächste Folie weiter zu machen. Der Beamer ist dann praktisch aus, ohne das Risiko einzugehen, ihn nicht wieder an zu bekommen, wenn die nächste Folie kommen soll. Sie können so nicht nur den Fluss im Folienfilm unterbrechen, sondern zwischendrin auf andere Formen der Visualisierung umsteigen, die geeignet sind, auch körperlich zu mobilisieren und sei es nur dadurch, dass Sie an einer anderen Position des Raums befinden und sich die Anwesenden so zumindest drehen müssen. Wenn man sich als Vortragender im Raum bewegt, bewegt man immer auch die Zuhörer. Kommen wir also zu den „alten Hasen" Flipchart und Moderationswand, die einen möglichen Ausweg aus der Langeweile bieten.

Die Aufmerksamkeit zurückgewinnen

7.1.2   Flipchart

Das Flipchart ist vielfältig einsetzbar, um einen Vortrag mit Beamer und PowerPoint aufzulockern. Es eignet sich zur Darstellung von Inhalten, die über einen längeren Zeitraum während des Meetings oder des Vortrags verfügbar sein sollen ebenso wie als flexibler Gruppennotizblock. Die Auflockerung macht sich in vielfältiger Hinsicht bemerkbar. Zunächst muss der Sprecher meistens seine Position verändern, und Bewegung erzeugt Aufmerksamkeit. Ist der Standort des Flipcharts geschickt gewählt, müssen sich auch die Zuhörer bewegen. Das Flipchart sollte hierfür nicht einfach links oder rechts neben der Leinwand stehen, sondern ruhig etwas weiter seitlich, wenn die räumlichen Verhältnisse es erlauben. Man sollte das nicht übertreiben, es sei denn, der dargestellte oder festzuhaltende Inhalt soll bewusst als Exkurs verstanden werden. Dann ist der räumliche Abstand zwischen Leinwand und Flipchart unter Umständen sogar von Vorteil.

Auflockerung gefällig?

Vorsicht geboten

Das Flipchart hat jedoch einen großen Nachteil: Man muss sich von den Zuhörern abwenden, wenn man etwas darstellen will und das kann je nach Geschick mit dem Stift auch schon mal länger dauern. Auf diesem Weg erzeugt man erst etwas Aufmerksamkeit, die man im Handumdrehen wieder los ist, weil man dem Publikum den Rücken zuwendet. Daher muss die gekonnte Nutzung des Flipcharts ebenso vorbereitet werden wie die Nutzung des Beamers.

Übung macht den Meister

Hinzu kommt, dass es häufig einige Übung kostet, die Schriftgröße richtig zu wählen oder alle Gedanken auf dem Blatt unter zu bekommen. Die richtige grafische Aufteilung zu wählen, kostet unter Umständen etwas Übung. Möchte man die Möglichkeiten von Flipcharts in Zukunft häufiger anwenden, lohnt es sich gerade als Freelancer für das heimische Büro ein Flipchart anzuschaffen und es dort regelmäßig – auch ohne Zuschauer – zu nutzen. Wie bei vielen Dingen im Leben gilt auch am Flipchart: Übung macht den Meister.

Vorbereitung ist die halbe Miete

Wenn Sie den Inhalt bereits kennen, den Sie darstellen wollen, empfiehlt es sich, die Blätter so weit wie möglich vorzubereiten. So können Sie bereits vor dem Termin einige Blätter mit Überschriften versehen. Wenn Sie auf einem Flipchart die drei wichtigsten Ziele des Meetings festhalten wollen, sollten die Überschrift und die drei Aufzählungspunkte *„Ziel 1:"*, *„Ziel 2:"* und *„Ziel 3:"* bereits vorgeschrieben sein. Das geht später nicht nur schneller und verringert die Zeit, in der Sie den Zuhörern den Rücken zuwenden, sondern erleichtert es Ihnen auch eine angemessene grafische Aufteilung und ein ansprechendes Aussehen zu erzielen. Nichts wäre schlimmer als die drei wichtigen Ziele in viel zu kleiner Schrift in die ersten drei Zeilen des Blatts zu schreiben, dann festzustellen, dass die Überschrift fehlt und in der letzten Reihe keiner mehr lesen kann, was auf dem Flipchart steht. Auf diese Art wird die Kommunikation nicht verbessert, sondern sogar verschlechtert, weil die verunglückte Darstellung nicht zur Bedeutung des Inhalts passt. Schreiben Sie daher Flipcharts ruhig vor dem Meeting komplett vor, wenn Ihnen die Übung fehlt.

Brainstorming und Skizzen

Eine der verbreitetsten Anwendungsfälle für Flipcharts sind neben der stichpunktartigen Erfassung von Brainstormings vor allem schematische Darstellungen und Skizzen. Es handelt sich dabei meist um eine ungeplante Ad-hoc-Benutzung, die sich nur schlecht vorbereiten lässt. Sollten Sie bereits vorher wissen, dass Sie mit

Hilfe des Flipcharts zum Beispiel eine bestimmte Netzwerktopologie erklären wollen, können sie die enthaltenen Hauptelemente bereits vorher kurz auf ein Chart zeichnen, so dass Sie hinterher nur die Zusammenhänge ergänzen müssen, die Sie darstellen wollen.

Als weiterer Flipchart-Klassiker wird häufig die Agenda eines Termins festgehalten und ist während der gesamten Veranstaltung für jeden als eine Art Gedächtnisstütze für jeden sichtbar. Auch geeignet wäre das Flipchart in dieser Art, um ein Motto oder ein gemeinsames Ziel zu visualisieren und präsent zu halten, das für das Zusammentreffen gelten soll. *(Motto und Agenda)*

Ebenfalls häufig zu sehen ist die Nutzung als Themenspeicher, auf dem Inhalte oder Fragen festgehalten werden, die zunächst noch zurückgestellt aber nicht vergessen werden sollen. Als solcher übernimmt das Flipchart die Funktion eines Notizblocks für die Gruppe. *(Themenspeicher)*

Um ein zeitraubendes und störendes Hin-und-Her-Blättern zu vermeiden kann es in einigen Situationen angezeigt sein, mehrere Flipcharts einzusetzen. Bei Workshops kann das von Vorteil sein, damit der Themenspeicher beispielsweise auch dann verfügbar ist, wenn jemand das Flipchart benutzt, um etwas zu skizzieren. Halten Sie daher bei wichtigen Meetings und besonders bei Workshops mehrere Flipcharts mit ausreichend Material bereit. So können Sie beispielsweise seitlich zur Leinwand die Agenda des Meetings aufstellen, auf der anderen Seite das Produktiv-Flipchart und etwas weiter entfernt, seitlich in der Mitte des Raums den Themenspeicher. Abgesehen davon wird der nüchternste Besprechungsraum auf diese Art und Weise zu einem Ort, der Produktivität ausstrahlt: An Besprechungstischen wird gesprochen und vor Flipcharts und Moderationswänden wird gearbeitet, womit wir zur nächsten Möglichkeit kommen Informationen zu visualisieren, der Moderationswand. *(Bringen Sie Produktivität in den Raum)*

7.1.3   Moderationswand

Die Moderationswand bietet zunächst eine deutlich größere Fläche als das Flipchart. Teilweise lassen sich auch Flipchart-Blöcke beseitigen, so dass man die Pinnwand links, rechts und unter dem Block als weitere Arbeitsfläche nutzen kann. Verbreitet sind auch weiße oder braune Papierbögen, die an die Moderationswand *(Möglichkeiten)* gepinnt werden und als Schreibfläche dienen können. Diese lassen sich allerdings nur schwer auswechseln. Man sollte mehrere Wände mit vorbereiteter Vorder- und Rückseite bereit halten, wenn man mehrere Wände mit Inhalt füllen will. Darüber hinaus stehen in den sogenannten Moderationskoffern Karten in vielen verschiedene Formen und Farben zur Verfügung, die man an der Pinnwand anbringen kann. Zusammenhänge zwischen den Schlagworten auf den Moderationskarten lassen sich mit farbigen Stiften auf dem angebrachten Papierbogen verdeutlichen.

Vorteile und Nachteile zum Flipchart

Im Gegensatz zum Flipchart ist die Moderationswand größer, bietet mehr Darstellungsmöglichkeiten. Man kann die Moderationskarten bei den Zuhörern verteilen und sie beschriften lassen und so eine körperliche Mobilisierung der ganzen Gruppe erreichen. Sie ist allerdings auch unflexibler in der Handhabung, kippt beim Beschreiben leicht nach hinten weg und bedarf daher etwas mehr Übung. Darüber hinaus ist Mitarbeiten und das Beschriften von Moderationskarten nicht für alle Zielgruppen geeignet. Wie schon beim Flipchart verbraucht die Moderationswand Zeit, die nicht jeder Zuhörerkreis mitbringt.

Im Workshop gut geeignet

Die Moderationswand hat ihren Platz zur Visualisierung von Informationen vor allem in Workshops und Arbeitsbesprechungen. In der Vorstandspräsentation eines Großkonzerns hat sie sicher nichts verloren. Sie eignet sich im Vergleich zum Beamer in den seltensten Fällen für eine Präsentation vor einem Zuhörerkreis, der in der Hierarchie weiter oben steht. Auf der gleichen Hierarchieebene oder moderiert von durch Teamleiter kann sie jedoch sehr gut dazu verwendet werden die Aufmerksamkeit der Zuhörer aufrecht zu halten oder den Vortrag mit Laptop und Beamer aufzulockern.

Vorbereitung

Auch für die Moderationswand gilt, dass Vorbereitung die halbe Miete ist. Schreiben Sie die zu vermittelnden Inhalte so weit wie möglich vor. Nutzen Sie hierfür die im Koffer enthaltenen Moderationskarten und nicht das Hintergrundpapier.

Übung macht den Unterschied

Für die nötige Übung in der Anwendung können Sie ebenfalls im heimischen Büro sorgen. Legen Sie sich eine Moderationswand mit Zubehör zu und nutzen Sie diese als Ihren erweiterten Notizblock. Sie werden feststellen, dass Sie mit jedem Brainstorming besser werden und die nötige Sicherheit bekommen, um vor Publikum nicht wie ein Anfänger da zu stehen.

7.2 Zusammenfassung

Dieses Kapitel hat sich mit einigen Themen auseinandergesetzt, die klassischerweise nicht in der Aufzählung von Soft Skills erscheinen. Dabei wurden diese Themen nur relativ oberflächlich angekratzt. Eine tiefere Beschäftigung mit dem äußeren Erscheinungsbild und den verschiedenen Techniken zur Visualisierung würde den Rahmen dieses Buches sprengen. Die Themen dieses Kapitels füllen jeweils einzelne Bücher.

Das Kapitel sollte daher keinesfalls als Versuch einer abschließenden Betrachtung verstanden werden, sondern als weiterer Denkanstoß, sich den Soft Skills auf einer breiteren Begriffsgrundlage anzunähern, als das in der Literatur sonst üblich ist. Wer seine Soft Skills ausbauen möchte, sollte über den begrenzten Horizont des Begriffs Sozialkompetenz hinausdenken und eben alles berücksichtigen, was über die rein fachliche Qualifikation hinausgeht. | Denken Sie weiter

Da die beruflichen Werdegänge in der IT ein besonders hohes Maß an Diversifikation aufweisen, ist es kaum möglich für jeden Einzelnen die wichtigsten Soft Skills zusammenzutragen und umso unmöglicher ist, es diese Zusammenstellung vollständig vorzunehmen. Die maßgebliche Entscheidungsinstanz ist jede Freelancerin und jeder Freelancer für sich selbst. Fragen Sie sich regelmäßig, wo Sie besser werden können und wo Ihnen Ihre Fertigkeiten auf der Konsole oder im Quellcode, Ihre LPI-Zertifizierung, Ihr Netzwerk-Know-how oder Ihre Administrationserfahrung nicht weiterhelfen und Sie Ihre Soft Skills aufstocken müssen. Welche Soft Skill für Sie wichtig sind und welche nicht, entscheiden Sie am Ende selbst. Im nächsten Kapitel soll trotzdem der Versuch unternommen werden, die Top 10 der in diesem Buch vorgestellten Soft Skills zusammenzutragen. | Entscheiden Sie selbst

8. Kapitel

8 Die 10 wichtigsten Soft Skills

„Ich könnte zwanzig Stunden reden, ohne mich zu
wiederholen – oder ohne es zu merken."
-- Franz Josef Antwerpes, dt. Politiker

Sie brauchen keine Angst zu haben, dass auf den folgenden Seiten eine stumpfe Wiederholung bereits vorgestellter Soft Skills folgt. Im Gegenteil: Auf den folgenden Seiten werden sogar Soft Skills vorgestellt, die bisher überhaupt noch keine Erwähnung gefunden haben, sondern eher unterschwellig im gesamten Buch mitgeschwungen sind.

Keine bloße
Wiederholung

Es handelt sich aber in jedem Fall um eine subjektive Zusammenstellung des Autors ohne Anspruch auf Richtigkeit. Die Tätigkeiten für Freelancer sind so unterschiedlich wie die dafür benötigten Soft Skills. Je nach Rolle im Team werden Sie mit unterschiedlichen Erwartungshaltungen konfrontiert sein und Sie werden ebenso unterschiedlich reagieren müssen. Machen Sie sich ruhig eine eigene Liste und setzen Sie Ihren ganz persönlichen Schwerpunkt.

Subjektive
Zusammenstellung

8.1   Selbstreflexion

Im ganzen Buch

Der wichtigste aller Soft Skills ist die Fähigkeit zur Selbstreflexion. Wir haben diesen wichtigsten Soft Skill allerdings bisher mit keiner Silbe erwähnt. Wurde er also vergessen? Natürlich nicht. Auch wenn wir ihn bislang noch nicht erwähnt haben, so haben wir uns von Beginn an ihm geschult – ich als Ihr Autor beim Schreiben und Sie beim geduldigen Lesen. Das ganze Buch umschreibt und beackert diesen wichtigsten Soft Skill ohne ihn konkret anzusprechen.

Alles ist im Fluss

Wenn Sie mit dem Lesen bis hier her gekommen sind, haben Sie in Sachen Selbstreflexion bereits einiges hinter sich und wir sind damit noch nicht am Ende. Egal ob Sie meiner Zusammenstellung der zehn wichtigsten Soft Skills zustimmen oder nicht. Sie werden Ihren Entschluss vielleicht bereits im nächsten Projekt revidieren, weil dort die Welt wieder ganz anders aussieht. Ein hohes Maß an Selbstreflexion wird Sie allerdings davor beschützen, dass Sie sich auf die falschen Soft Skills abstützen. Sie werden schnell merken, in welchem Bereich Sie eine Schippe auflegen müssen, und wo Sie gut aufgestellt sind.

Im weitesten Sinne leitet uns das zu den nächsten drei Soft Skills:

⇒ Kommunikationsfähigkeit
⇒ Rasche Auffassungsgabe
⇒ Wandlungsfähigkeit und Flexibilität

8.2   Kommunikationsfähigkeit

Fast das ganze Buch

Der überwiegende Teil dieses Buches befasst sich direkt oder indirekt mit Kommunikationsfähigkeit. Dabei beschränken sich die einzelnen Abschnitte nicht nur auf die direkte, verbale oder schriftliche Kommunikation, auch die nonverbale Kommunikation steht im Mittelpunkt. In einer arbeitsteiligen Gesellschaft kann man keine Arbeit finden, in der man nicht kommunizieren müsste. Wer ein Produkt herstellt oder eine bestimmte Fertigkeit hat, die jemand anderem zum Nutzen sein soll, wird sie irgendwann diesem anderen auch anbieten müssen. Man wird sich über den Preis und die Modalitäten der Lieferung einig werden müssen. Der Kunde wird eventuell Nachbesserungen verlangen und dergleichen mehr. Ohne Kommunikation geht das alles nicht. Selbst wenn man das Reden jemand anderem überlässt, wird man zumindest diesem Jemand ja mitteilen müssen was er sagen soll.

Kapitel 5 befasste sich im ersten Block der Soft Skills ausschließlich mit kommunikativen Skills, die jedoch hauptsächlich auf Kommunikation als Gespräch ausgerichtet waren. In Kapitel 2 über das Theater des beruflichen Alltags und im dritten Block der Soft Skills ging es dann auch um die nonverbale Kommunikation und eine geeignete Außendarstellung. Neben der Selbstreflexion, zieht sich also auch die Kommunikationsfähigkeit, wie ein roter Faden durch die Summe der Soft Skills für Freelancer.

Kommunikative Soft Skills

8.3   Rasche Auffassungsgabe

Eine der größten Unterschiede zwischen Freelancern und Festangestellten ist nach meiner Erfahrung, dass man Freelancern selten eine längere Einarbeitung gewährt. Während bei Unternehmensangehörigen meist eine 100 Tage Schonfrist und meistens sogar eine monatelange Probezeit besteht, existiert ein derartiges Äquivalent bei externen Mitarbeitern nicht. Kein Auftraggeber möchte erst mal 100 Tage abwarten, bevor die ersten Arbeitsergebnisse vorliegen. Einer meiner Kunden wollte in einem auf 6+ Monate ausgelegten Projekt bereits nach dem ersten Tag einen schriftlichen Bericht auf dem Tisch haben. Da hängen Festangestellt meist noch irgendwo zwischen Betriebsarzt, Zugangskarte und Personalabteilung fest.

Keine Schonfrist

Will man in diesem Umfeld bestehen, darf man keine Schlaftablette sein. Das darf man mit einem Arbeitsvertrag auch nicht – verstehen Sie mich nicht falsch. Aber wenn man als Mitarbeiter nach einer Woche noch „rumeiert", wird man dafür nicht gleich schief angeschaut. Man muss sich ja erst mal an das neue Umfeld gewöhnen. Als Externer machen die gleichen Anlaufschwierigkeiten keinen guten Eindruck. Man erwartet von einem Freelancer, der von Projekt zu Projekt springt einfach eine besonders schnelle Auffassungsgabe. Lange Einarbeitungen werden selten gewährt.

„Rumeiern" nicht erwünscht

8.4   Wandlungsfähigkeit/Flexibilität

Wie bereits mehrfach dargestellt wurde, unterliegt man als Freelancer einem stärkeren Wandel als Mitarbeiter mit einem festen Arbeitsvertrag. Selbst wenn man viele Jahre für das gleiche

Von Projekt zu Projekt

Unternehmen arbeitet, das aktuelle Projekt hat meist wenig mit der ursprünglichen Projektbeschreibung zu tun. Mancher Freelancer hat auf diese Weise eine ganze IT-Abteilung durchreist und ist wegen seiner Wandlungsfähigkeit und Flexibilität beim Kunden beliebt.

Zukünftiger Erfolg

Als Freelancer hat man keine Geschäftsbereiche, denen man mehr oder weniger Priorität zurechnen kann. Man ist immer alle Geschäftsbereiche: Entwicklung, Beratung, Coaching oder Konzepte. Vom Einkauf über die Produktion bis zum Verkauf ist man für alles selbst zuständig und der Erfolg hängt von der eigenen Flexibilität ab. Von der Selbstreflektion, über die Kommunikationsfähigkeit bis hin zur raschen Auffassungsgabe wird der zukünftige Erfolg letztendlich davon bestimmt, wie wir unser Handeln an geänderte Rahmenbedingungen anpassen können. Sei es in wechselnden Projekten oder bei unterschiedlichen Kunden.

David gegen Goliath

Als Freelancer muss man sich nötigenfalls immer wieder neu erfinden um sich am Markt zu behaupten, um sich mit seiner Arbeit von den konkurrierenden Unternehmen abzusetzen, die mit mehr Marketing, mehr Mitarbeitern und mehr Geld ihren Markt verteidigen.

8.5   Professioneller Auftritt

Während in der bisherigen Auflistung der zehn wichtigsten Soft Skills für Freelancer diejenigen vorherrschten, die auch in einem allgemein gehaltenen Buch über Soft Skills enthalten gewesen wären, kommen wir nun zu einem Soft Skill der typischerweise nicht in der Literatur enthalten ist. Wir haben uns relativ am Anfang des Buches in Kapitel 2 „Alles nur Theater" damit befasst.

Der ideale Freelancer

Es geht um die Beherrschung der Projektbühne durch einen professionellen Auftritt. Es geht um nichts anderes als den idealen Freelancer darzustellen. Dabei geht es nicht darum als Schwindler aufzutreten. Es geht darum, seine tatsächliche Rolle im Berufsleben durch professionelles und gekonntes Auftreten, eine glaubwürdige Fassade und eine gute Dramaturgie zu untermauern. Es geht darum, der Lebensweisheit „tue Gutes und rede darüber" gerecht zu werden und sie um einen wichtigen Punkt zu ergänzen: „Sehe dabei professionell und gut aus."

Wir haben viele der Soft Skills, die zu einem professionellen Auftritt gehören, im dritten Block der Soft Skills für Freelancer kennengelernt. Es handelte sich dabei hauptsächlich um Fertigkeiten, die nur aufgrund unserer erweiterten Definition von Soft Skills den Weg in dieses Buch gefunden haben. Die richtige Kleidung gehört ebenso dazu, wie der gekonnte Umgang mit Flip-Chart oder Moderationswand. Zusammen mit den klassischen Soft Skills entsteht das Gesamtkunstwerk Freelancer.

Gesamtkunstwerk Freelancer

8.6   Sicher zwischen den Polen zwischenmenschlicher Interaktion

Ob die eigenen Problemfelder (Zwänge, Ziele, Prioritäten und Risiken) oder die der anderen, ob vier Münder oder vier Ohren, ob Selbstwahrnehmung oder Fremdwahrnehmung, ob Absicht des eigenen Verhaltens oder Wahrnehmung des eigenen Verhaltens durch andere – zwischenmenschliche Interaktion spielt sich zwischen zwei Polen ab und je nach Zugehörigkeit zu einem der beiden Pole werden Menschen identische Situationen unterschiedlich wahrnehmen, unterschiedlich bewerten und dementsprechend unterschiedlich handeln.

Bipolarität zwischenmenschlicher Interaktion

Menschen sind verschieden in ihren Wahrnehmungen und setzen sich unterschiedliche Ziele, die sie mit abweichenden Prioritäten verfolgen. Dabei unterliegen sie unterschiedlichen Zwängen und nehmen individuelle Risiken wahr. Was für den einen richtig ist, kann für die andere grundlegend falsch sein.

Individualität dominiert

Sich zwischen diesen Polen zwischenmenschlicher Interaktion zurechtzufinden und die eigenen fachlichen Kenntnisse und Fertigkeiten in diesem Wirkungszusammenspiel erfolgreich zur Geltung zu bringen, ist einer der wichtigsten Soft Skills, der es daher auch ohne eigenes Kapitel in die Auflistung der zehn wichtigsten Soft Skills schafft.

Im gesamten Buch

8.7   Wer fragt, der führt

...so lautet das kurze Motto von geschulten Fragestellern. In einem eigenen Abschnitt wurde gezeigt, dass man mit einer wirksamen Fragetechnik die Initiative im Gespräch übernimmt, und einem Gespräch auf diese Art auch eine bestimmte Richtung geben kann, ohne manipulativ zu werden. Je größer das Repertoire an Frageformen, desto kleiner ist die Gefahr, bei einem schwierigen Gespräch in einer Endlosschleife aus Wiederholungen hängen zu bleiben. Geübte Fragesteller brechen solche Situationen auf, indem sie dem Gespräch durch eine Frage eine neue Richtung geben und so auf ein Ergebnis hinarbeiten.

Fragen als Weg zur Aussage

Mit den richtigen Fragen zeigen Sie Interesse für Ihr Gegenüber, Sie erfahren mehr über dessen Persönlichkeit und den Gesprächsanlass. Das sind alles wichtige Informationen auf dem Weg zu einer fundierten Aussage, an der man letztendlich gemessen wird. *„Wer nicht fragt bleibt dumm"*, lautet es in der Titelmelodie einer Kindersendung und auch bereits Konfuzius wusste: *„Wer fragt, ist ein Narr für eine Minute. Wer nicht fragt, ist ein Narr sein Leben lang."* Ob Kindersendung oder chinesischer Philosoph, die Erkenntnis das Fragen kein Zeichen von Schwäche sind, ist so einheitlich, wie sie alt ist. Wer nicht fragt und seine Aussagen lieber gleich aus der Hüfte schießt, liegt sicher häufiger daneben als der, der fragt – eben *„ein Narr sein Leben lang"*.

8.8   Verständnis der Zusammenhänge

Dampfmaschine Freelancer

Alles Gute kann durch Übertreibung ins Schlechte kippen und bedarf der Regulierung. Diese Sichtweise ist die wichtigste Erkenntnis aus Kapitel 6 über den zweiten Block an Soft Skills. Viel Dampf auf dem Kessel ist gut für die Dampfmaschine Freelancer – zu viel Druck bringt sie zur Explosion. Was für die Dampfmaschine noch relativ leicht nachzuvollziehen ist, muss für jedes einzelne Soft Skill analysiert werden, um zur regulierenden Partnereigenschaft zu gelangen, an der man nicht vorbei kommt wenn man die Skala nicht sprengen will.

Wichtig ist der Zusammenhang

Aufgrund dieser Zusammenhänge reicht es auf unserer Seite – der Lieferantenseite – nicht aus, nur das zu liefern, was bestellt wird. Wir müssen darauf achten, nicht durch Übertreibung ins Negative abzugleiten. Die zunächst im sechsten Kapitel genannten zehn Soft Skills wurden so zu 18 Soft Skills erweitert, die sich gegenseitig regulieren. Einige der neuen acht waren in einer Befragung von Personalentscheidern als nicht so wichtig eingestuft worden. Wie wir gesehen haben, mag diese Einstufung für die Personalentscheider durchaus richtig sein. Um die nachgefragten Eigenschaften jedoch nicht zu übertreiben und ins Gegenteil zu verkehren, brauchen wir ausgleichende Partnereigenschaften, damit die Maschine reibungslos läuft.

8.9   Neugier für neue Dinge

Eine der wichtigsten Eigenschaften, die uns dabei helfen, nicht zu sehr auf die fachliche Karte zu setzen und uns stattdessen breit aufzustellen, ist die Neugier für neue Dinge. Nur wer mit offenen Augen durch die Welt geht, kann sich neue Wissensgebiete erschließen und sich weiterentwickeln. Zu diesen neuen Wissensgebieten zählen ohne Frage auch weiterhin die berüchtigten Soft Skills, die in der IT-Ausbildung auch mittelfristig noch eine untergeordnete Rolle spielen werden.

Nach der Ausbildung ist vor der Ausbildung

8.10   Dogmen vermeiden

Auch bei der Fülle an Tipps, wie dieses Buch bereithält: Die maßgebliche Entscheidungsinstanz sind Sie selbst. Keiner kennt Ihr Business besser als Sie und keiner kann daher besser wissen, welche Soft Skills ausgebaut werden müssen und wo Sie bereits einen soliden Grundstock haben.

Sie sind der Chef

Nicht zuletzt bietet man als Freelancer neben fachlichen Kompetenzen immer auch eine Persönlichkeit an. Niemand braucht in unserer Branche Mitarbeiter ohne Persönlichkeit und wer seine Persönlichkeit aufgibt, um einer vorgefertigten Schablone gerecht zu werden, wird dadurch nur selten erfolgreicher werden. Wie bei vielen Dingen im Leben kommt es nicht darauf an, eine solche Schablone blind abzukupfern, sondern sie gekonnt zu interpretieren.

Persönlichkeit zahlt sich aus

Für alle Abschnitte dieses Buchs gilt es also die individuell passenden Soft Skills auszuwählen und nicht zu zögern den Rest zu verwerfen, oder zumindest für eine zukünftige Prüfung zurückzustellen. In diesem Sinne dürfen wir keinen kommunikativen Dogmen folgen. Die wichtigste Aufgabe ist es, die Dinge immer wieder neu zu hinterfragen und auf den Prüfstand zu stellen, genau so, wie es bereits das erste Soft Skill in dieser Top 10 gefordert hat.

Die Qual der Wahl

Sachwortverzeichnis

*"Einmal ausgesprochen, fliegt ein Wort unwiderruf-
lich davon."*
Horaz

Mit einem Sachwortverzeichnis kann man verschiedene Ziele
verfolgen. Ein Hauptziel ist es, ein Nachschlagen von Sachwörtern
zu ermöglichen. Damit soll verhindert werden, dass die Prophe-
zeiung von Horaz auch für geschriebene Worte in Erfüllung geht.
Ein anderes Ziel kann es sein, Lust zu machen, an einer bestimmten Stelle nachzuschlagen, ein weiteres, eine Stelle wiederzufinden,
an die man sich nicht mehr richtig erinnern kann. Neben vielen
anderen Verweisen enthält es auch die Stichworte, die im
gesamten Buch jeweils am Seitenrand enthalten sind. So finden Sie
schnell, was Sie suchen.

Literaturverzeichnis

„Von den meisten Büchern bleiben nur Zitate übrig.
Warum nicht gleich nur Zitate schreiben?"
Stanisław Jerzy Lec

[1] Rainer Niermeyer, *Soft Skills: Das Kienbaum Trainingsprogramm.*
Freiburg: Haufe-Lexware, 2006.

[2] Uwe Vigenschow and Björn Schneider, *Soft Skills für*
Softwareentwickler: Fragetechniken, Konfliktmanagement,
Kommunikationstypen und Modelle. Heidelberg:
dpunkt.verlag, 2007.

[3] Gunter Schlageter, "Kurseinheit 1: Einführung - Architektur
eines Datenbanksystems," in *Datenbanken I - Grundlagen,*
Anwendungen und Konzepte. Hagen: FernUniversität
Hagen, 2005.

[4] Erving Goffman, *Rahmen-Analyse: Ein Versuch über Alltagserfahrungen*. Berlin: Suhrkamp, 1996.

[5] Erving Goffman, *Wir alle spielen Theater*. München: Piper, 2009.

[6] GPM - Deutsche Gesellschaft für Projektmanagement e. V., "Burnout Studie bei ProjektmanagerInnen," Nürnberg, Studie 2013.

[7] BPtK - BundesPsychotherapeutenKammer, "BPtK-Studie zur Arbeitsunfähigkeit ," Berlin, Studie 2012.

[8] Friedemann Schulz von Thun, *Miteinander Reden: Kommunikationspsychologie für Führungskräfte*. Reinbeck: rororo, 2007.

[9] Friedemann Schulz von Thun, *Miteinander reden 1: Störungen und Klärungen*. Reinbek: rororo, 2009.

[10] Andreas Baar, *Bedeutung und Erfassung von Soft-Skills beim Personalrecruiting im IT-Bereich*. München: GRIN, 2005.

[11] Andrew Abela, *Advanced Presentations by Design: Creating Communication that Drives Action*. Haboken: John Wiley & Sons, 2008.

[12] Garr Reynolds, *PresentationZen*. Berkeley: New Riders, 2008.

[13] Helisch Michael and Pokoyski Dietmar, *Security Awareness*. Wiesbaden: Vieweg+Teubner, 2009.

GNU General Public License

Die im Buch verwendeten Graphiken , , , , und
stammen aus der Software Wordpress 2.9 und stehen unter der
GNU General Public License (GPL).

http://fsf.org
(Webseite der Free Software Foundation)

Version 2, June 1991
Copyright (C) 1989, 1991 Free Software Foundation, Inc.
51 Franklin St, Fifth Floor, Boston, MA 02110, USA
Everyone is permitted to copy and distribute verbatim copies of this license document, but
changing it is not allowed.

Preamble
The licenses for most software are designed to take away your freedom to share and change it.
By contrast, the GNU General Public License is intended to guarantee your freedom to share
and change free software — to make sure the software is free for all its users. This General
Public License applies to most of the Free Software Foundation's software and to any other
program whose authors commit to using it. (Some other Free Software Foundation software is
covered by the GNU Library General Public License instead.) You can apply it to your programs,
too.

When we speak of free software, we are referring to freedom, not price. Our General Public Licenses are designed to make sure that you have the freedom to distribute copies of free software (and charge for this service if you wish), that you receive source code or can get it if you want it, that you can change the software or use pieces of it in new free programs; and that you know you can do these things.

To protect your rights, we need to make restrictions that forbid anyone to deny you these rights or to ask you to surrender the rights. These restrictions translate to certain responsibilities for you if you distribute copies of the software, or if you modify it.

For example, if you distribute copies of such a program, whether gratis or for a fee, you must give the recipients all the rights that you have. You must make sure that they, too, receive or can get the source code. And you must show them these terms so they know their rights.

We protect your rights with two steps: (1) copyright the software, and (2) offer you this license which gives you legal permission to copy, distribute and/or modify the software.

Also, for each author's protection and ours, we want to make certain that everyone understands that there is no warranty for this free software. If the software is modified by someone else and passed on, we want its recipients to know that what they have is not the original, so that any problems introduced by others will not reflect on the original authors' reputations.

Finally, any free program is threatened constantly by software patents. We wish to avoid the danger that redistributors of a free program will individually obtain patent licenses, in effect making the program proprietary. To prevent this, we have made it clear that any patent must be licensed for everyone's free use or not licensed at all.

The precise terms and conditions for copying, distribution and modification follow.

GNU General Public License Terms and Conditions for Copying, Distribution, and Modification

0.

This License applies to any program or other work which contains a notice placed by the copyright holder saying it may be distributed under the terms of this General Public License. The "Program", below, refers to any such program or work, and a "work based on the Program" means either the Program or any derivative work under copyright law: that is to say, a work containing the Program or a portion of it, either verbatim or with modifications and/or translated into another language. (Hereinafter, translation is included without limitation in the term "modification".) Each licensee is addressed as "you". Activities other than copying, distribution and modification are not covered by this License; they are outside its scope. The act of running the Program is not restricted, and the output from the Program is covered only if its contents constitute a work based on the Program (independent of having been made by running the Program). Whether that is true depends on what the Program does.

1.

You may copy and distribute verbatim copies of the Program's source code as you receive it, in any medium, provided that you conspicuously and appropriately publish on each copy an appropriate copyright notice and disclaimer of warranty; keep intact all the notices that refer to this License and to the absence of any warranty; and give any other recipients of the Program a copy of this License along with the Program. You may charge a fee for the physical act of transferring a copy, and you may at your option offer warranty protection in exchange for a fee.

2.

You may modify your copy or copies of the Program or any portion of it, thus forming a work based on the Program, and copy and distribute such modifications or work under the terms of Section 1 above, provided that you also meet all of these conditions:

1. You must cause the modified files to carry prominent notices stating that you changed the files and the date of any change.

2. You must cause any work that you distribute or publish, that in whole or in part contains or is derived from the Program or any part thereof, to be licensed as a whole at no charge to all third parties under the terms of this License.

3. If the modified program normally reads commands interactively when run, you must cause it, when started running for such interactive use in the most ordinary way, to print or display an announcement including an appropriate copyright notice and a notice that there is no warranty (or else, saying that you provide a warranty) and that users may redistribute the program under these conditions, and telling the user how to view a copy of this License. (Exception: if the Program itself is interactive but does not normally print such an announcement, your work based on the Program is not required to print an announcement.)

These requirements apply to the modified work as a whole. If identifiable sections of that work are not derived from the Program, and can be reasonably considered independent and separate works in themselves, then this License, and its terms, do not apply to those sections when you distribute them as separate works. But when you distribute the same sections as part of a whole which is a work based on the Program, the distribution of the whole must be on the terms of this License, whose permissions for other licensees extend to the entire whole, and thus to each and every part regardless of who wrote it. Thus, it is not the intent of this section to claim rights or contest your rights to work written entirely by you; rather, the intent is to exercise the right to control the distribution of derivative or collective works based on the Program. In addition, mere aggregation of another work not based on the Program with the Program (or with a work based on the Program) on a volume of a storage or distribution medium does not bring the other work under the scope of this License.

3.

You may copy and distribute the Program (or a work based on it, under Section 2) in object code or executable form under the terms of Sections 1 and 2 above provided that you also do one of the following:

1. Accompany it with the complete corresponding machine-readable source code, which must be distributed under the terms of Sections 1 and 2 above on a medium customarily used for software interchange; or,

2. Accompany it with a written offer, valid for at least three years, to give any third party, for a charge no more than your cost of physically performing source distribution, a complete machine-readable copy of the corresponding source code, to be distributed under the terms of Sections 1 and 2 above on a medium customarily used for software interchange; or,

3. Accompany it with the information you received as to the offer to distribute corresponding source code. (This alternative is allowed only for noncommercial distribution and only if you received the program in object code or executable form with such an offer, in accord with Subsection b above.) The source code for a work means the preferred form of the work for making modifications to it. For an executable work, complete source code means all the source code for all modules it contains, plus any associated interface definition files, plus the scripts used to control compilation and installation of the executable. However, as a special exception, the source code distributed need not include anything that is normally distributed (in either source or binary form) with the major components (compiler, kernel, and so on) of the operating system on which the executable runs, unless that component itself accompanies the executable. If distribution of executable or object code is made by offering access to copy from a designated place, then offering equivalent access to copy the source code from the same place counts as distribution of the source code, even though third parties are not compelled to copy the source along with the object code.

4.

You may not copy, modify, sublicense, or distribute the Program except as expressly provided under this License. Any attempt otherwise to copy, modify, sublicense or distribute the Program is void, and will automatically terminate your rights under this License. However, parties who have received copies, or rights, from you under this License will not have their licenses terminated so long as such parties remain in full compliance.

5.

You are not required to accept this License, since you have not signed it. However, nothing else grants you permission to modify or distribute the Program or its derivative works. These actions are prohibited by law if you do not accept this License. Therefore, by modifying or distributing the Program (or any work based on the Program), you indicate your acceptance of this License to do so, and all its terms and conditions for copying, distributing or modifying the Program or works based on it.

6.

Each time you redistribute the Program (or any work based on the Program), the recipient automatically receives a license from the original licensor to copy, distribute or modify the Program subject to these terms and conditions. You may not impose any further restrictions on the recipients' exercise of the rights granted herein. You are not responsible for enforcing compliance by third parties to this License.

7.

If, as a consequence of a court judgment or allegation of patent infringement or for any other reason (not limited to patent issues), conditions are imposed on you (whether by court order, agreement or otherwise) that contradict the conditions of this License, they do not excuse you from the conditions of this License. If you cannot distribute so as to satisfy simultaneously your obligations under this License and any other pertinent obligations, then as a consequence you may not distribute the Program at all. For example, if a patent license would not permit royalty-free redistribution of the Program by all those who receive copies directly or indirectly through you, then the only way you could satisfy both it and this License would be to refrain entirely from distribution of the Program. If any portion of this section is held invalid or unenforceable under any particular circumstance, the balance of the section is intended to apply and the section as a whole is intended to apply in other circumstances. It is not the purpose of this section to induce you to infringe any patents or other property right claims or to contest validity of any such claims; this section has the sole purpose of protecting the integrity of the free software distribution system, which is implemented by public license practices. Many people have made generous contributions to the wide range of software distributed through that system in reliance on consistent application of that system; it is up to the author/donor to decide if he or she is willing to distribute software through any other system and a licensee cannot impose that choice. This section is intended to make thoroughly clear what is believed to be a consequence of the rest of this License.

8.

If the distribution and/or use of the Program is restricted in certain countries either by patents or by copyrighted interfaces, the original copyright holder who places the Program under this License may add an explicit geographical distribution limitation excluding those countries, so that distribution is permitted only in or among countries not thus excluded. In such case, this License incorporates the limitation as if written in the body of this License.

9.

The Free Software Foundation may publish revised and/or new versions of the General Public License from time to time. Such new versions will be similar in spirit to the present version, but may differ in detail to address new problems or concerns. Each version is given a distinguishing version number. If the Program specifies a version number of this License which applies to it and "any later version", you have the option of following the terms and conditions either of that version or of any later version published by the Free Software Foundation. If the Program does not specify a version number of this License, you may choose any version ever published by the Free Software Foundation.

10.

If you wish to incorporate parts of the Program into other free programs whose distribution conditions are different, write to the author to ask for permission. For software which is copyrighted by the Free Software Foundation, write to the Free Software Foundation; we sometimes make exceptions for this. Our decision will be guided by the two goals of preserving the free status of all derivatives of our free software and of promoting the sharing and reuse of software generally.

11.

BECAUSE THE PROGRAM IS LICENSED FREE OF CHARGE, THERE IS NO WARRANTY FOR THE PROGRAM, TO THE EXTENT PERMITTED BY APPLICABLE LAW. EXCEPT WHEN OTHERWISE STATED IN WRITING THE COPYRIGHT HOLDERS AND/OR OTHER PARTIES PROVIDE THE PROGRAM "AS IS" WITHOUT WARRANTY OF ANY KIND, EITHER EXPRESSED OR IMPLIED, INCLUDING, BUT NOT LIMITED TO, THE IMPLIED WARRANTIES OF MERCHANTABILITY AND FITNESS FOR A PARTICULAR PURPOSE. THE ENTIRE RISK AS TO THE QUALITY AND PERFORMANCE OF THE PROGRAM IS WITH YOU. SHOULD THE PROGRAM PROVE DEFECTIVE, YOU ASSUME THE COST OF ALL NECESSARY SERVICING, REPAIR OR CORRECTION.

12.

IN NO EVENT UNLESS REQUIRED BY APPLICABLE LAW OR AGREED TO IN WRITING WILL ANY COPYRIGHT HOLDER, OR ANY OTHER PARTY WHO MAY MODIFY AND/OR REDISTRIBUTE THE PROGRAM AS PERMITTED ABOVE, BE LIABLE TO YOU FOR DAMAGES, INCLUDING ANY GENERAL, SPECIAL, INCIDENTAL OR CONSEQUENTIAL DAMAGES ARISING OUT OF THE USE OR INABILITY TO USE THE PROGRAM (INCLUDING BUT NOT LIMITED TO LOSS OF DATA OR DATA BEING RENDERED INACCURATE OR LOSSES SUSTAINED BY YOU OR THIRD PARTIES OR A FAILURE OF THE PROGRAM TO OPERATE WITH ANY OTHER PROGRAMS), EVEN IF SUCH HOLDER OR OTHER PARTY HAS BEEN ADVISED OF THE POSSIBILITY OF SUCH DAMAGES.